DE CEREVISIA 3

DE CEREVISIA
Bierliteratur des 16. Jahrhunderts
Bd. 3

# THADDAEUS HAGECIUS

# DE CERVISIA OPUSCULUM

## Werkchen über das Bier
## (1585)

BEIGABE:

**JOHANNES CAIUS: DE ALA ET BERA (1556)**

Zweisprachige Ausgabe
von Kai Brodersen

Kartoffeldruck-Verlag
Speyer 2024

Für Rufus

Bibliografische Information der Deutschen Nationalbibliothek

Die Deutsche Nationalbibliothek verzeichnet diese Publikation in der Deutschen Nationalbibliografie; detaillierte bibliografische Daten sind im Internet über http://dnb.d-nb.de abrufbar.

Frontispiz:
www.digitale-sammlungen.de/view/bsb00028914?page=144

**Der Kartoffeldruck-Verlag publiziert zum reinen Selbstkostenpreis Bücher, die in jeder Buchhandlung bestellt werden können – insbesondere für Expertinnen und Experten in Altertumswissenschaft und Schule.**

Druck: Libri Plureos GmbH, Friedensallee 273, 22763 Hamburg

2024

www.kartoffeldruck-verlag.de
ISBN 978-3-939526-77-3

## Inhalt

# Einführung

## Lateinische Bierliteratur des 16. Jahrhunderts

Die *Bibliographie des Brauwesens*, die der Schweizer Unternehmer und Gelehrte Fritz Schoellhorn (1863–1933) in den *Veröffentlichungen der Gesellschaft für die Geschichte und Bibliographie des Brauwesens* 1928 in Berlin herausgebracht hat und die seither als Standardwerk gilt, bietet als ersten Teil eine Übersicht über »Lateinische Brauereiliteratur« (S. 17–27; s. auch von der Planitz 1879, 30). Aufgezählt werden hier 79 zwischen 1549 und 1857 erschienene Werke, davon die ersten 10 Einträge aus dem 16. Jahrhundert. Auch wenn die Zusammenstellung nicht ohne Fehler ist (Nr. 1 ist nicht 1549, sondern 1546 erschienen; Nr. 3 ist erstmals 1550, nicht 1551 erschienen; der Autor von Nr. 4 ist nicht der genannte, sondern derselbe wie der von Nr. 3; Nr. 6 ist nicht 1555, sondern erst 1735 erschienen) und für einige, aber nicht alle Titel jeden Nachdruck einzeln zählt, ermöglicht Schoellhorns *Bibliographie* einen ersten Überblick über auf Latein geschriebene Werke zum Brauwesen aus dem 16. Jahrhundert.

Es fällt sogleich auf, dass die tatsächlich sechs distinkten für jenes Jahrhundert genannten lateinischen Schriften das Brauwesen zunächst nur am Rande behandeln. Das *Aerarium sanitatis* (»Schatzhaus der Gesundheit«) des Antonius Gazius (1546; Schoellhorn Nr. 1), bietet als Anhang eine von Gazius' Sohn Simon aus den Nachlass des Vaters publizierte *De vino et cervisia tractatio* (»Abhandlung über Wein und Bier«); der Beitrag des Jodocus Willichius (1551; Nr. 2) umfasst nur einen Exkurs zu *Zythi Germanici* (Germanischen / Deutschen Bieren) in seinem Kommentar zur *Germania* des antiken Historikers Tacitus.

Gleich vier von Fritz Schoellhorn genannte Werke (Nr. 3, 4, 7 und 8) sind wiederholte Ausgaben eines erstmals 1550 erschienenen Kommentars des Johannes Placotomus (Brettschneider, um 1514 – 1577) zum Werk *De tuenda bona valetudine* des

Erfurter Humanisten Eobanus Hessus (1488–1540). Als Anhang präsentiert Rembert Dodonaeus (1552; Nr. 5) in seiner *De frugum historia* (»Kunde von den Früchten«) einen Brief *De zytho et cerevisia* (»Über Zythos und Bier«). In der lateinischen Fassung einer Studie zum sog. Englischen Schweiß, einer Epidemie, die 1551 vor allem in England ausgebrochen war, ging der englische Hofarzt Johannes Caius (John Kays, 1510–1573) der Frage nach, ob das englische Gebräu »Ale« eine Krankheitsursache sei, und erläutert dessen Herstellung (1556; nicht bei Schoellhorn). Und auch die *Oratio de confectione eius potus, qui … cerevisia vocatur* (»Rede über die Herstellung jenes Getränks, das *Cerevisia* genannt wird«) von Abraham Wernerus (1567; Nr. 9) ist nur eine von zwei zusammen publizierten akademischen Reden; die andere behandelt medizinische Aspekte der Luftröhre beim Menschen. Erst mit dem Werk *De cerevisia eiusque conficiendi ratione* (»Über Bier und die Methode seiner Herstellung«, 1585, Nr. 10) des Thaddaeus Hagecius (Tadeáš Hájek, 1525–1600) wird das Brauwesen Gegenstand einer eigenständigen lateinischen Schrift. Diese wird (gemeinsam mit dem Kapitel von Caius 1556) im vorliegenden Band präsentiert.

## Thaddaeus Hagecius

Tadeáš Hájek z Hájku (latinisiert Thaddaeus Hagecius ab Hayck, auch Thaddaeus Nemicus, da tschechisch *hájek*, Hain, dem lateinischen *nemus* entspricht) kam 1525 in einer Bürgerfamilie in Prag [Praha] zur Welt; seine Mutter war vor ihrer dritten Ehe, aus der er stammt, zweimal mit Brüdern verheiratet, die eine Brauerei in der Prager Neustadt betrieben (Vetter 1926, 179).

Auf das Grundstudium in Wien, das er mit dem Grad des Magister Artium 1551 abschloss, folgte ein Medizinstudium; 1553 wurde er an der Universität Bologna zum *Doctor Medicinae* promoviert. Nach einem Studienaufenhtalt in Mailand [Milano] lehre er, gerade dreißigjährig, 1555 als Professor für Mathematik an der Universität Prag und wirkte auch als Arzt.

Hagecius' Publikationen widmen sich vor allem astronomischen (und astrologischen) Fragen. 1571 wurde er *Protomedicus* und war dann auch als Leibarzt der Kaiser Maximilian II. und Rudolf II. tätig. Er starb 1600 in Prag.

1935 erhielt ein Mondkrater den Namen *Hagecius* (https://planetarynames.wr.usgs.gov/Feature/2312); auch der 1971 entdeckte Asteroid 1995 heißt ihm zu Ehren *Hajek* (https://ssd.jpl.nasa.gov/tools/sbdb_lookup.html#/?sstr=20001995). Übrigens besuchen in dem als Schullektüre weit verbreiteten Jugendroman *Tschick* von Wolfgang Herrndorf (2010) die beiden Protagonisten das (fiktive) *Hagecius-Gymnasium* in Berlin.

## *De Cervisia*

*De Cerevisia eiusque conficiendi ratione, natura, viribus, et facultatibus, opusculum* (»Werkchen über das Bier und seine Herstellungsmethode, Natur, Kräfte und Eigenschaften«) publizierte Hagecius 1585. Die Abhandlung befasst sich mit der Herstellung und den Eigenschaften von Bier, das als wertvolles, von Königen und Fürsten geschätztes Getränk vorgestellt wird.

Hagecius beschreibt detailliert die verschiedenen Schritte der Bierherstellung, von der Auswahl des Getreides, dem Einweichen und Keimen bis zum (stets als »Kochen« bezeichneten) Brauen selbst. Er erklärt die wichtige Rolle von Hopfen, der das Bier haltbar und wohlschmeckend macht. Die Abhandlung geht auch auf die Unterschiede zwischen Biersorten ein, darunter Weizen- und Gerstenbiere, sowie regionale Spezialitäten. Hagecius betont die medizinischen und nährenden Eigenschaften von Bier und erläutert, dass es nicht nur ein Genussmittel, sondern auch ein nahrhaftes und gesundes Getränk sei, wenn es richtig hergestellt wird.

Im Vergleich zu den antiken Schriftstellern, die Bier als schädlich darstellten, argumentiert Hagecius, dass das Bier seiner Zeit weit von den alten Zubereitungsmethoden entfernt sei. Er hebt die aktuelle Braukunst hervor und widerspricht

Johannes Caius

Boissard, Jean Jacques u.a.: Bibliotheca chalcographica Bd. 7:Continuatio secunda iconum virorum illustrium, Frankfurt 1669, Blatt hh4 [https://dhb.thulb.uni-jena.de/receive/ufb_cbu_00014698, Scan 70]

Thaddaeus Hagecius

Balzer, Johann Heinrich: 87 Abbildungen böhmischer und mährischer Gelehrten und Künstler, Prag 1772, Taf. 64 [https://www.digitale-sammlungen.de/de/view/bsb11215960, Scan 153]

den antiken Ansichten über die ungesunden Eigenschaften des Getränks. Hagecius beschreibt außerdem gewürzte Biere und erklärt verschiedene Produkte, die aus Bier hergestellt werden, etwa Essig und Branntwein. Ganz offenkundig war er (vielleicht über die Familie seiner Mutter) mit Praktiken des Bierbrauens vertraut.

## Johannes Caius: *De Ala et Bera* (1556)

Der sog. Englische Schweiß war eine Infektionskrankheit, die nach einem Tag mit hohem Fieber oft zum Tod führte. Sie wurde im 15. und 16. Jahrhundert in mehreren Wellen vor allem in England verbreitet, zuletzt 1551. Ratschläge zu ihrer Behandlung veröffentlichte der englische Gelehrte und bedeutende Hofarzt Johannes Caius (John Kays [ausgesprochen wie »Kies«], 1510–1573) zunächst 1552 in englischer Sprache; 1556 publizierte er eine erweiterte lateinische Fassung, in der für ein nicht-englisches gelehrtes Lesepublikum auch die Herstellung jener Getränke erläutert wird (im Jahr danach finanzierte Caius übrigens die Wiedergründung eines Colleges in Cambridge, das bis heute *Gonville & Caius* heißt). Caius' Abschnitt *De ala et bera* (»Über Ale und Bier«) ist dem hier vorliegenden dritten Band der Reihe beigegeben.

## Bei der Leserschaft vorausgesetzte Kenntnisse

Hagecius widmet sein Werk dem Oberstlandeskämmerer und Obersten Burggrafen von Böhmen, Wilhelm von Rosenberg (1535–1592). Als Zeitgenossen nennt er sodann die Mediziner Manuel Brudo (Brudo Lusitanus, um 1500 – um 1585), aus dessen Werk *De ratione victus* (1544) er zitiert, Julius Alexandrinus von Neustein (1506–1590), auf dessen Vorschlag Hagecius die Abhandlung schrieb (s. u. S. 20/21; vgl. Vetter 1926, 179; Hellman 1944, 186 Anm. 5), und Johannes Placotomus (Brettschneider, um 1514 – 1577).

Nach der auch im 16. Jahrhundert herrschenden Auffassung war ein gesunder Körper durch eine ausgewogene Mischung (»Temperament«) der vier Säfte (Blut, Schleim, gelbe Galle, schwarze Galle) und der Eigenschaften warm / kalt und trocken / feucht gekennzeichnet. Geeignete Speisen und Getränke konnten einer Unausgeglichenheit von Säften und »Temperaturen« entgegenwirken: Ein als »warm« geltendes Nahrungsmittel etwa konnte einem übermäßig »kalten« Zustand entgegenwirken; es war daher wichtig, diese Eigenschaften bei allen Lebensmitteln zu kennen.

Zitate aus der Bibel (2. Petrusbrief), aus einer Komödie des Terenz (2. Jh. v. Chr.), den *Georgica* des Vergil (70–19 v. Chr. ) und einer Satire des Juvenal (1./2. Jh. n. Chr.) erkennt die Leserschaft ohne Nennung des Autornamens; bei Caius außerdem Zitate aus einem philosophischen Werk des Cicero (106–43 v. Chr.) und den *Saturnalia* des Macrobius (um 385/390 – nach 430 n. Chr.), ferner auch Bezüge auf den Satiriker Lukian von Samosata (2. Jh. n. Chr.). Von großer Bedeutung war dann vor allem die enzyklopädische *Naturkunde* des Gaius Plinius Secundus d. Ä. (23–79 n. Chr.); aus diesem Werk (9,30.66 und 10,68.133) war auch der römische Feinschmecker Apicius bekannt.

Aus der Antike kannte man aber auch den Dichter Solon (um 640 – um 560 v. Chr.), die Philosophen Platon (428/7 – 348/7 v. Chr.), Aristoteles (384–322 v. Chr.), Theophrast (um 371 – um 287 v. Chr.) und Epikur (um 341 – 271/270 v. Chr.), die Historiker Hekataios (550–476 v. Ch) und Herodot (490/480 – 430/420 v. Chr.) sowie die Mediziner Hippokrates (um 460 – um 370 v. Chr.), Pedanios Dioskurides (*materia medica*, 1. Jh. n. Chr.) und Galen von Pergamon (2. Jh. n. Chr.), aber auch Aëtios von Amida (6. Jh. n. Chr.), Paulos von Aigina (Aegineta, 7. Jh. n. Chr.), Symeon Seth (11. Jh.) und Averroës (Ibn Ruschd, 1126–1198 n. Chr.).

Einzelne Annahmen fand man bei dem Historiker Diodor (1. Jh. v. Chr.), dem Geographen Strabon (um 63 v. Chr. – nach 23 n. Chr.), dem Agrarschriftsteller Columella (1. Jh. n. Chr.) und in der kleinen Schrift über Aquädukte des Sextus Iulius Frontinus (um 35 – 103 n. Chr.), einzelne Zitate bei dem Buntschriftsteller Athenaios von Naukratis (170–223 n. Chr.) und die Etymologie

von *cerevisia* vielleicht im Werk des Isidor von Sevilla (um 560 – 636 n. Chr.).

Speziell Caius verwendet einige in der anderen Bierliteratur ungebräuchliche Fachbegriffe, darunter *ala* (englisch *ale,* ein aus Gerstenmalz und seinerzeit meist ohne Hopfen hergestelltes Getränk) und *grota* (englisch *groat*, Graupe oder Grütze).

Die praktische Umsetzung der Beschreibungen ist mangels nachvollziehbarer Maßangaben bei beiden Werken problematisch (vgl. Nolte 2020 und 2021).

## Zu dieser Buchreihe

Die Schriften von Placotomus (1550) und Hagecius (1585) sind so umfangreich, dass sie hier jeweils eigens zweisprachig publiziert werden. Die vier anderen Beiträge hingegen, also Gazius 1546, Willichius 1551, Dodonaeus 1552 und Wernerus 1567, sind im ersten Band zusammengestellt. Das Werk des Placotomus 1550 im zweiten, Hagecius (1585) zusammen mit Caius (1556) im vorliegenden dritten Band.

Alle Schriften werden in der Originalsprache und einer neuen deutschen Übersetzung präsentiert. Die lateinischen Texte sind zur Erleichterung des Zugangs den heutigen Lesegewohnheiten angepasst: Abkürzungen werden ausgeschrieben, Orthographie und Zeichensetzung sind dem im heutigen Lateinunterricht Üblichen angepasst. Quellenangaben für Zitate aus der Bibel und aus der antiken Literatur, die von einer humanistisch gebildeten Leserschaft nicht erwartetet wurden, sind hier in der deutschen Übersetzung nach den heute üblichen Verweissystemen in eckigen Klammern geboten.

Gemeinsam mit den beiden ersten Bänden dieser kleinen Buchreihe soll die in Fritz Schoellhorns grundlegender *Bibliographie des Brauwesens* genannte lateinische Bierliteratur des 16. Jahrhunderts erstmals insgesamt zweisprachig zugänglich werden.

*Für das Mitlesen der Korrekturen danke ich Isidor Brodersen.*

# Texte und Übersetzungen

# DE CERVISIA EIUSQUE CONFICIENDI RATIONE, NATURA, VIRIBUS, ET FACULTATIBUS, OPUSCULUM AUCTORE THADDAEO HAGECIO ab Hayck.

Francofurti: Apud heredes Andreae Wecheli, MDLXXXV.

## [EPISTULA DEDICATORIA]

ILLUSTRI ET INCLYTO HEROI WILHELMO ROSENBERGIO, etc. PROREGI Bohemiae, suo Domino benignissimo, Thaddaeus ab Hayck S(alutem) P(lurimam).

ETSI ego, dum illustri Celsit(udini) T(uae) Commentatiunculam de Cervisia offero, forte quibusdam levidense munusculum, aut valde tenue offerre videbor; verum tamen quidquid hoc tempore ex meo penu depromo, illud tale esse non iniqui rerum aestimatores statuant, quod neque prorsus indignum et illiberale est me dare, neque Celsit(udini) T(uae) accipere.

Si enim liberalis et generosi ingenii est universae naturae consideratio: et si ea sese oblectare omnibus aetatibus maximi quique Reges consueverunt; ac ego particulam quandam rei naturalis, adeoque illius, quae venit in alimoniam multis populis, propono et excutio; non video certe, qua ratione hoc meum munus pro inhonesto, pro inutili, pro iniucundo, et propterea a dignitate tua alieno condemnari vel possit vel debeat.

## WERKCHEN ÜBER DAS BIER UND SEINE HERSTELLUNGSMETHODE, NATUR, KRÄFTE UND EIGENSCHAFTEN VON THADDAEUS HAGECIUS ab Hayck

Frankfurt: Bei Andreas Wechel Erben, 1585

### [WIDMUNGSBRIEF]

DEM BERÜHMTEN UND RUHMREICHEN HELDEN WILHELM VON ROSENBERG, Statthalter von Böhmen, seinem gnädigsten Herrn, [sagt] Thaddaeus ab Hayck viele Grüße.

Auch wenn ich, während ich Deine Hoheit eine kleine Abhandlung über das Bier darreiche, manchen vielleicht ein wenig beachtliches oder sehr geringfügiges Geschenk zu machen scheine, mögen gerechte Beurteiler der Dinge dennoch festlegen, dass das, was ich in dieser Zeit aus meinem Vorrat hervorbringe, weder völlig unwürdig noch unangemessen ist, es von mir zu geben und von Deiner Hoheit zu empfangen.

Wenn es denn ein Zeichen eines edlen und großzügigen Geistes ist, die gesamte Natur zu betrachten, und wenn sich die bedeutendsten Könige aller Zeiten daran erfreuten, und wenn nun ich einen kleinen Teil der Natur der Dinge – insbesondere jenen, die vielen Völkern als Nahrung dient – vorlege und untersuche, so sehe ich nicht, aus welchem Grund mein Geschenk als unanstößig, nutzlos, unangenehm und daher als deiner Hoheit unwürdig angesehen oder verurteilt werden sollte.

Sed obgannient hic nasutiores quidam; et isti delicatuli, quotidianis assueti lautitiis, inquiunt: quid heroibus cum Cervisia? conficiat eam plebs, et bibat: Medici de natura, viribus et facultatibus disputet; Domini vero ex ea amplissimum colligant vectigal. Esto sane; removeat eam quis non modo e mensa, sed etiam ex tota sua ditione eiciat. Quis adeo vecors et barbarus fuerit, qui cognitionem illius conficiendae, et naturae pernoscendae illiberalem dixerit? praesertim cum haud sit obscurum, hoc genus potus plerisque etiam Regibus et Principibus, multisque Regnis et Provinciis familiare, et non ingratum habitum esse; etiamque nunc haberi.

Quanquam autem Celsit(udo) T(ua) et a vino, et ab hoc genere potus a natura abstineat, contenta communi omnium animantium potu; tamen eam pro Cervisia, ne in exilium mittatur, veluti pro aris et focis pugnaturam, nullum est apud me dubium. Nec defutura sunt hic aliorum quoque auxilia. Nemo enim Cervisiae coctura aspernatur; nemo est, qui eam maximo studio et conatu non expetat: quod vel tot officinae Cervisiariae passim operose exstructae abunde testatur. Nusquam hae visuntur collapsae aut neglectae: at fana quamplurima vel funditus eversa, vel male sarta tectaque passim spectantur. Crebrius maltaria quam altaria fumos edere conspicimus: nimirum quoniam, dicunt quidam, illinc lucrum, hinc damnum ad nos redit: Lucri autem bonus odor est ex re qualibet.

Homines, inquiunt, sumus; humani a nobis nihil alienum putamus. Utinam vero cum isto humanitatis praetextu plerique non etiam simul Atheismum induamus; moreque Lucianico scripta Mosis et Evangelii, adeoque antiqui et novi foederis tabulas,

Aber einige Nasenrümpfer werden hier murren; und diese Feinschmecker, die sich an tägliche Leckerbissen gewöhnt haben werden sagen: »Was haben Helden mit Bier zu tun? Das Volk soll es herstellen und trinken: Ärzte mögen über seine Natur, seine Kräfte und Eigenschaften diskutieren; die Herren aber mögen daraus ein reiches Einkommen ziehen.« Sei es so; lasse es jemand nicht nur von seinem Tisch entfernen, sondern auch aus seinem ganzen Land verbannen. Wer wäre so töricht und barbarisch, dass er die Kenntnis seiner Zubereitung und die Erforschung seiner Natur als unehrenhaft bezeichnen würde? Zumal es kein Geheimnis ist, dass diese Art von Getränk auch vielen Königen und Fürsten sowie in vielen Königreichen und Provinzen bekannt und nicht unangenehm war und ist.

Obwohl Deine Hoheit von Natur aus sowohl auf Wein als auch auf diese Art von Getränk verzichtet und sich mit dem allgemeinen Getränk aller Lebewesen [Wasser] zufriedengibt, habe ich dennoch keinen Zweifel daran, dass sie sich für das Bier einsetzen wird, damit es nicht ins Exil geschickt wird, und sie wird wie für Haus und Herd kämpfen. Und es werden auch die Hilfen anderer nicht fehlen. Niemand verschmäht das Kochen von Bier; es gibt niemanden, der es nicht mit größtem Eifer und Bemühen sucht: was selbst die vielen Brauereien, die überall mühevoll errichtet wurden, reichlich bezeugen. Nirgendwo sieht man sie verfallen oder vernachlässigt: aber sehr viele Tempel sieht man entweder völlig zerstört oder schlecht gepflegt. Wir sehen häufiger Mälzereien (*maltaria*) als Altäre (*altaria*) Rauch aufsteigen lassen: sicherlich, da einige sagen, von dort kommt Gewinn, von hier Verlust zu uns: Dem Gewinn ist ein guter Geruch aus jeder Sache [Juvenal, *Satiren* 2,204–205].

Menschen, sagen sie, sind wir; nichts Menschliches ist uns fremd [Terenz, *Heautontimorumenus* 77]. Aber möge es so sein, dass wir unter dem Vorwand dieser Menschlichkeit nicht auch gleichzeitig Atheismus annehmen; und dass wir nicht nach der Art von Lukian [*Alexander sive Pseudomantis* und *De*

pro fabulis non reputemus. Ipsa itaque Cervisiae praeparatio ob praesens, quod secum affert, lucrum a nemine non expetitur: At naturae illius cognitio non nisi doctis, et naturae rerum peritis plena et perspicua esse potest; quam vulgus Epicureum tanquam in nuda speculatione positam, nullamque secum perceptibilem afferentem utilitatem aspernatur. Quare in hoc libello et praeparationem, et causas, unde natura Cervisiae penitus perspiciatur, exprimere sum conatus. An id sim assecutus, aliorum sit iudicium. De me ipso aliud pronunciare non possum, nisi facultatem, non studium mihi defuisse.

Ut autem haec commentarer ante annos plures Clariss(ismus) vir, D(ominus) Iulius Alexandrinus, Archiatros Caesareus, homo summi iudicii, summae humanitatis et eruditionis mihi auctor erat. Cum enim praeclarum illud opus de Salubribus, quod iam teritur in manibus multorum, adornarat; ac in eodem opere aliquid etiam de potu frumentaceo, quem nos Cervisiam vocamus, dicere vellet, rationem eius conficiendi a me petiit.

In quo cum ipsi, mihi amicissimo, ex animo gratificari cuperem; neque tamen mihi ratio parandi nota esset, accepta a Zythepsis simplici et rudi informatione, integra tamen, quantum ad operis absolutionem spectat: mox ea Romano sermone exprimere, causasque ex natura petitas accommodare coepi. Cum autem commentando plura, ut fit, succurrerent; ac ego, ne cogitationis cursus interrumperetur calamo indulgerem (quia nimirum in elimando facilius superflua resecari, quam deficientia suppleri solent), ea commentatio in plures paginas crevit; qua tamen initio unica pagella me complexurum putaram.

*morte Peregrini*] die Schriften des Mose und des Evangeliums und die Tafeln des Alten und Neuen Bundes als Fabeln abtun. Die Zubereitung des Bieres wird also von niemandem nicht begehrt, wegen des gegenwärtigen Gewinns, den es mit sich bringt: Aber die Kenntnis seiner Natur kann nur den Gelehrten und Kennern der Natur der Dinge voll und klar sein; die das epikureïsche Volk als in bloßer Spekulation befindlich, und keinen greifbaren Nutzen bringend, verachtet. Deshalb habe ich in diesem Büchlein versucht, sowohl die Zubereitung als auch die Gründe darzulegen, aus denen die Natur des Bieres vollständig verstanden werden kann. Ob ich das erreicht habe, soll das Urteil anderer entscheiden. Ich kann nur über mich selbst sagen, dass es mir an Fähigkeit, nicht an Eifer gefehlt hat.

Aber der hochberühmte Mann, Herr Julius Alexandrinus, Leibarzt des Kaisers, ein Mann von höchstem Urteil, höchster Menschlichkeit und Gelehrsamkeit, war mir vor vielen Jahren der Ratgeber dazu, diese Betrachtungen zu verfassen. Denn als er jenes ausgezeichnete Werk über die Gesundheitslehren, das bereits in vielen Händen ist, vorbereitete; und in demselben Werk auch etwas über das Getreidegetränk, das wir Bier nennen, sagen wollte, bat er mich um die Erklärung seiner Zubereitung.

Da ich ihm, der mein bester Freund war, von Herzen gefällig sein wollte, aber dennoch die Zubereitung nicht kannte, nahm ich einfache und grobe Informationen von Brauern entgegen, die jedoch in Bezug auf die Vollendung des Werkes vollständig waren: und begann bald darauf, es auf Lateinisch auszudrücken und die Gründe aus der Natur anzupassen. Da aber, wie es geschieht, beim Kommentieren mehr Einfälle kamen; und ich, damit der Lauf des Gedankens nicht unterbrochen würde, die Feder fließen ließ (weil es nämlich leichter ist, beim Überarbeiten Überflüssiges wegzunehmen, als Mangelhaftes zu ergänzen), wuchs dieser Kommentar auf mehrere Seiten an; obwohl ich ursprünglich dachte, das Ganze auf einem Blatt unterbringen zu können.

Rudem igitur illam et informem commentationem, ut tum nata erat, ipsi Iulio legendam dederam, ut ex ea depromeret, quae suo instituto servire posse arbitraretur. Verum suo tempore plusculum nactus otii eam aliquantulum expolivi, et in hanc forma ordinemve libelli, qui sub nomine illustris C(elsitudinis) T(uae) prodit in vulgus, redegi. Potissimum autem rationem conficiendae Cervisiae triticeae Bohemicae descripsi. Aliarum enim provinciarum Cervisiae non usque adeo mihi fuerunt cognitae; nisi quatenus ab aliis accepi, illarum praeparationem in paucis ab hac nostra differre. Quod si aliqua erit notabilis dissimilitudo, non dubito, quin ii, quibus nota fuerit, nostro exemplo scripto ea sint expposituri; ut omni ex parte naturae Cervisiarum dignoscantur. Quod ut faciant, eos magnopere rogo.

Scripsit quaedam de Cervisia vir doctiss. Ioannes Placotomus: sed eum libellum non prius mihi videre contigit, quam meum absolvissem. Quid uterque in eodem argumento praestiterimus, et uter veriora protulerit: ego ne qui Cervisiarum temperamentum calidum et humidum esse pronuntiaverim; an ille, qui calidum et siccum asseruerit: quam item recte in causis sim philosophatus, aliorum iudicio et censurae me libentissime subiicio; praesertim vero eorum, qui non ex opinione et auditu de natura Cervisiarum huc usque pronuntiaverunt, sed ex illius quotidiano usu vim et naturam plene didicerunt et experti sunt.

Saepe enim audivi viros alioqui praeclare eruditos, cum in Cervisiarias regiones venissent, hoc potionis genus mirifice insectatos esse. Abigebant illud a mensis tam sanorum quam aegrorum. Ac, quod id a peregrinis esset factitatum, non ita mirum est apud me; quam quod domestici quidam, et in ipsis, ut ita dicam, facibus Cervisiariis nati et enutriti, ubi gulam pro-

Diese rohe und unförmige Abhandlung, wie sie damals entstanden war, gab ich Julius zur Lektüre, damit er daraus das entnehmen könnte, was seinem Zweck dienlich schien. Doch als ich später etwas mehr freie Zeit fand, polierte ich sie ein wenig auf und brachte sie in diese Form und Ordnung des Büchleins, das unter dem Namen Deiner Hoheit der Öffentlichkeit übergeben wird. Ich beschrieb hauptsächlich die Zubereitung des böhmischen Weizenbiers. Denn die Biere anderer Provinzen waren mir nicht so bekannt; außer, dass ich von anderen hörte, dass ihre Zubereitung sich nur in wenigen Dingen von unserer unterscheidet. Sollte es jedoch eine bemerkenswerte Unähnlichkeit geben, zweifle ich nicht daran, dass jene, denen sie bekannt ist, dies nach unserem schriftlichen Vorbild darlegen werden; damit in jeder Hinsicht die Natur der Biere erkannt wird. Ich bitte sie daher inständig, dies zu tun.

Der gelehrte Johannes Placotomus hat etwas über das Bier geschrieben: aber ich konnte sein Büchlein nicht sehen, bevor ich mein eigenes abgeschlossen hatte. Was jeder von uns zu diesem Thema geleistet hat und wer die wahreren Aussagen gemacht hat: ob ich, der das Bier für warm und feucht erklärt habe; oder er, der es für warm und trocken hält: sowie ob ich in den Ursachen richtig philosophiert habe, überlasse ich gern dem Urteil und der Kritik anderer; insbesondere jener, die nicht nach Meinung und Hörensagen über die Natur der Biere bisher geurteilt haben, sondern durch ihren täglichen Gebrauch deren Kraft und Natur vollständig gelernt und erfahren haben.

Oftmals habe ich nämlich sehr gelehrte Männer gehört, die, wenn sie in biertrinkende Gegenden kamen, diese Art von Getränk aufs Höchste verspotteten. Sie verbannten es vom Tisch sowohl der Gesunden als auch der Kranken. Und es ist für mich nicht so erstaunlich, dass dies von Ausländern getan wurde; als vielmehr, dass es einige Einheimische, die, sozusagen, mitten in den Bierhefen geboren und aufgewachsen waren, nachdem sie ihren Gaumen mit fremden Getränken be-

luerunt peregrino potionis genere, domum reversi, in patrium potum calamum stringere ausi fuerint.

Sed retulerunt iustas suae ingratitudinis poenas. Accidit enim in quadam celebri Repub(lica) cum quidam scripto edito vituperasset patrium potum, non in vulgo solum, sed etiam in puerorum tantam indignationem, tamque grave odium incurrit, ut ab illorum coetu collecto, quotiescunque in foro et plateis osor ille conspicabatur, gravissime impeteretur.

Hanc nostram commentationem ante plures, ut dixi, annos conscriptam expetierunt multum ac saepe quam plurimi; ac cum primis illustris C(elsitudo) T(ua) quae oblatu sibi a me manuscriptum exemplum, illudque donatum et consecratum detinuit apud se per menses plus novem: legit et cognovit, sibique mirifice probari, cupereque, ut evulgetur, significavit. Cuius optimae voluntati libentissime satisfecissem iam dudum; nisi interea plurima et varia intercidissent, quae, quo minus ea commentatio communi luce frueretur, prohibuerunt.

Nunc demum omnibus impedimentis sublatis, solutisque vinculis, sub C(elsitudinis) T(uae). auspicio prodit in aspectum publicum. Quare quem manuscriptum libellum olim Celsit(udini) T(uae) obtuli, donavi, dicavique, eundem nunc typis excusum evulgatumque offero, dono et dedico. Neque aliud quicquam abs T(ua) C(elsitudine) peto, quam ut moram istam evulgationis boni consulere velit, cogitareque istius morae causam etiam proprium genium libelli fieri potuisse. Cum enim in Aula olim natus sit, una cum ortu suo idiopathiam illam aulicam secum attulisse, credibile est: tarde, videlicet, admodum et difficulter responsa dandi, tardius vero et spissius promissa, et iam definita exequendi.

glückt hatten, sich trauten, in ihrer Heimat dem einheimischen Trank den Krieg zu erklären, sobald sie zurückkehrten.

Doch sie haben gerechte Strafen für ihren Undank erhalten. Es geschah nämlich in einer berühmten Republik, dass ein gewisser Mann, nachdem er in einem veröffentlichten Schriftstück den einheimischen Trank kritisiert hatte, nicht nur beim gemeinen Volk, sondern sogar bei den Kindern eine solche Empörung und einen so großen Hass auf sich zog, dass er, wann immer er auf dem Marktplatz oder in den Straßen gesehen wurde, von deren Versammlungen aufs Heftigste angegriffen wurde.

Diese meine Abhandlung, die ich vor vielen Jahren, wie gesagt, geschrieben hatte, wurde von vielen und oft nachgefragt; insbesondere von Deiner Hoheit, die das ihr von mir übergebene handschriftliche Exemplar über neun Monate in ihrem Besitz behielt: sie las es, erkannte es an und billigte es, und gab mir zu verstehen, dass sie wünschte, es möge veröffentlicht werden. Diesem besten Wunsch wäre ich schon lange gerne nachgekommen, wenn nicht in der Zwischenzeit viele und verschiedene Hindernisse eingetreten wären, die verhinderten, dass diese Abhandlung das Licht der Öffentlichkeit erblickte.

Nun, da alle Hindernisse beseitigt und die Fesseln gelöst sind, tritt sie unter dem Schutz Deiner Hoheit ins öffentliche Licht. Daher biete, schenke und widme ich jetzt dasselbe Büchlein, das ich einst handschriftlich Deiner Hoheit überreichte, und das nun gedruckt und veröffentlicht ist. Und ich bitte nichts anderes von Deiner Hoheit, als dass sie die Verzögerung dieser Veröffentlichung wohlwollend betrachtet und bedenkt, dass der Grund für diese Verzögerung möglicherweise auch der besondere Charakter des Büchleins selbst gewesen sein könnte. Denn da es einst am Hofe geboren wurde, ist es glaubwürdig, dass es mit seiner Entstehung jene eigenartige Hofmanier mit sich brachte, nämlich sehr spät und nur mit größter Schwierigkeit Antworten zu geben, und noch später und langsamer Versprechen und längst Festgelegtes zu erfüllen.

Neque dubium est, quin T(ua) C(elsitudo) hunc libellum, bonam partem alimoniae in quam plurimis Regnis et Provinciis tutantem; unde quaestus uberrimi, aut saltem non contemnendi prodeunt; una mecum clementer tuendum sit susceptura: imo, ut id faciat, eam etiam atque etiam cum omni summissione officiose rogo. Bene et feliciter valeat T(ua) C(elsitudo).

Pragae ex aedibus nostris.
1 Febr. anno reparatae salutis. 1585.

Es gibt keinen Zweifel, dass Deine Hoheit dieses Büchlein, das in vielen Königreichen und Provinzen einen bedeutenden Teil der Nahrung sichert, aus dem sehr große oder zumindest nicht unbedeutende Erträge fließen, mit mir gemeinsam gnädig in Schutz nehmen wird: ja, ich bitte mit aller Demut darum, dass sie dies tun möge. Möge Deine Hoheit in Glück und Wohlstand leben.

Prag [Praha], aus unserem Haus.
Am 1. Februar im Jahr der wiederhergestellten Erlösung 1585.

# DE CERVISIA OPUSCULUM

## De potuum generibus
## Cap. I.

Tria sunt in universum potuum genera, quibus omnes homines ubivis terrarum, tam sani quam aegri utuntur: Aqua, Vinum, et Cerevisia. Quorum singula in plurimas diducuntur species; et hae multum a se invicem forma, parandi ratione, denique viribus et facultatibus differunt.

Ac ut de aqua potabili simplici initio dicam, ea ab initio conditi orbis, usque ad Noe illum praeconem iustitiae, communis erat potus omnibus animantibus. Quo quandiu utebantur homines illius saeculi, simplicique cibo contenti erant, ignari Apicianarum lautitiarum et obsoniorum, ad mille propemodum annos vitam producebant. Aqua enim cum ad vitae longitudinem, tum ad valetudinis conservationem plurimum confert.

Post diluvium autem, ipso Noe omnium primo vineam plantante, et per hunc usu vini innotescente, cum ante nec vitis nec vini ulla fuisset mentio, decuplo propemodum dies vitae abbreviatos esse animadvertimus: non aliam forte ob causam, quam quod isto genere potus plurimi, absque discrimine sexus et aetatis, et absque modo uterentur; ut non frustra Salomon videatur conquestus, plures crapula quam gladio perire. Quod si circumstantiae considerentur patefacti usus vini, inveniemus potum hunc non omnibus passim fuisse liberum.

# WERKCHEN ÜBER DAS BIER

## Über die verschiedenen Getränkearten
## Kapitel I

Es gibt insgesamt drei Arten von Getränken, die von allen Menschen überall auf der Welt, sowohl von Gesunden als auch von Kranken, verwendet werden: Wasser, Wein und Bier. Jedes dieser Getränke lässt sich in viele Arten unterteilen, die sich stark voneinander unterscheiden, sei es in ihrer Form, in der Art der Zubereitung, oder schließlich in ihrer Kraft und Wirkung.

Um zunächst von einfachem Trinkwasser zu sprechen: dieses war seit Beginn der Erschaffung der Welt bis zu jenem Noah, dem Prediger der Gerechtigkeit [2Petr 2,5], das allgemeine Getränk für alle Lebewesen. Solange die Menschen jener Zeit es nutzten und mit einfacher Nahrung zufrieden waren, ohne Kenntnis der Köstlichkeiten und Speisen des [Marcus Gavius] Apicius [vgl. Plinius, *Naturkunde* 9,30.66 und 10,68.133], verlängerten sie ihr Leben auf fast tausend Jahre. Wasser trägt nämlich sowohl zur Verlängerung des Lebens als auch wesentlich zur Erhaltung der Gesundheit bei.

Nach der Sintflut jedoch, als Noah als erster einen Weinberg pflanzte und der Gebrauch von Wein durch ihn bekannt wurde [1. Mose 9,20] – da zuvor weder die Rebe noch Wein je erwähnt worden waren –, stellten wir fest, dass sich die Lebensdauer fast um das Zehnfache verkürzt hatte. Wohl aus keinem anderen Grund, als weil viele ohne Rücksicht auf Geschlecht und Alter und ohne Maß dieses Getränk benutzten; sodass Salomon nicht ohne Grund zu klagen scheint, dass mehr durch Völlerei als durch das Schwert sterben [vgl. Sprüche 23,20–21]. Wenn wir die Umstände des Gebrauchs von Wein betrachten, werden wir feststellen, dass dieses Getränk nicht allen allgemein zur Verfügung stand.

Nam Deus Noe iam seni, et annis gravato, hoc novum genus potionis et inusitatum ostenderat: ut naturam suam labefactatam et quasi laxatam, tum curis molestiisque gravissimis, quas pertulit in arca, audiens clamores, eiulatus, et interitum miserrimum universae terrae, tum mole et diuturnitate laborum, quam sustinuisse illum oportuit in arca, in alendis et curandis tot animantibus toto illo diluvii tempore, irrigatione suavi, bene nutriente, et vires languidas reficiente restauranteque potu, quodammodo reficeret, recrearet, confirmaretque. Senes enim duabus potissimum rebus, teste Solone, delectari consueverunt: Bono vino, et suavi colloquio doctorum. Hinc illae leges manasse videntur, ut adolescentes ad duodevicesimum annum, feminae autem per totam vitam vino abstinerent; quarum illa Athenis, ut est apud Platonem 2 de legibus: haec vero apud veteres Romanos religiosissime observabatur.

Invento ergo usu vini, aqua, communis (ut ante dixi) omnium animantium potus, paulatim sperni coepit et negligi, tamquam pro beluis, non pro hominibus creata esset: Vinum vero, veluti verissimum nectar, ab omnibus expetebatur. Habebat tamen et illa suum locum. Scribit enim Iulius Frontinus, Romanos fuisse contentos per annos 440 usu aquarum: quas aut ex fluvio Tiberi, aut ex puteis, aut ex fontibus hauriebant. Imo et hodie quoque popellus, infimaque plebs, eandem Romae, ita ut ab asellis gerulis importatur, bibit. Sed delicatiores opulentioresque aquam illam Tiberinam in grandibus vasis fictilibus, in cellis vinariis asservant: quae incorrupta durat, non in dies solum multos, verum in menses et annos. Id quod mirum cuique

Denn Gott hatte Noah, einem alten und von Jahren gebeugten Mann, diese neue und ungewohnte Art von Trank gezeigt, damit er seine durch die Natur erschlaffte und gleichsam geschwächte Verfassung, belastet durch die schwersten Sorgen, die er in der Arche erlitten hatte – da er die Schreie, das Wehklagen und das klägliche Ende der ganzen Erde hören musste –, sowie durch die Last und Dauer der Arbeit, die er in der Arche beim Füttern und Pflegen all der Lebewesen während der ganzen Zeit der Flut zu leisten hatte, durch ein Getränk, das seine erschöpften Kräfte nährte und wiederherstellte, auf gewisse Weise erfrischte, erholte und stärkte. Alte Menschen, wie Solon [vgl. Plutarch, *Solon* 29,4] bezeugt, pflegten sich nämlich vor allem an zwei Dingen zu erfreuen: gutem Wein und angenehmen Gesprächen mit Gelehrten. Daher scheint es, dass jene Gesetze entstanden sind, nach denen junge Männer bis zum achtzehnten Lebensjahr und Frauen während ihres gesamten Lebens auf Wein verzichten sollten; dies wurde in Athen, wie bei Platon im 2. Buch der Gesetze [p. 666a–c] beschrieben, und auch bei den alten Römern strengstens beachtet [vgl. etwa Plinius, *Naturkunde* 14,14.89].

Nachdem also der Gebrauch von Wein entdeckt worden war, begann Wasser, das (wie ich zuvor sagte) allgemeine Getränk aller Lebewesen, allmählich verachtet und vernachlässigt zu werden, als ob es für Tiere geschaffen worden wäre, nicht für Menschen. Wein hingegen, als wahrhaftigster Nektar, wurde von allen begehrt. Dennoch hatte auch Wasser seinen Platz. Denn Iulius Frontinus [*Aquädukte* 1,4] berichtet, dass die Römer sich 440 Jahre lang mit dem Gebrauch von Wasser begnügten, das sie entweder aus dem Fluss Tiber oder aus Brunnen oder Quellen schöpften. Ja, und selbst heute noch trinkt das einfache Volk, die unterste Schicht, in Rom dasselbe Wasser, das von Lasteseln herbeigetragen wird. Doch die Vornehmeren und Reicheren bewahren das Tiberwasser in großen Tonkrügen in ihren Weinkellern auf, wo es nicht nur für viele Tage, sondern sogar für Monate und Jahre unverdorben bleibt. Dies könnte jedem mit Recht erstaunlich erscheinen. Doch es gibt eine ge-

videri haud immerito possit. Sed ars quaedam peculiaris habetur conservandi illas aquas: quae priscis illis saeculis prorsus fuit ignota. Eo enim modo, ut diximus, reposita, celerius opinione liquescit, ac subsidet, potuique et cibis idonea efficitur.

Legimus etiam Reges Persarum, qui postea amisso imperio Parthi sunt dicti, solos ex Choaspe amne bibisse: imo et ex Eulaeo, qui Susarum arcem, ubi vetus Persarum Regia, circuit, eosdem Strabo bibisse existimat, propter levitatem. Denique Agathocles, apud Athenaeum, meminit cuiusdam aquae, quam auream Persae vocabant, cuius essent scaturigines 70, quam nulli, praeter Regem, eiusque filium natu maximum, bibebant: quia potus eius capitis periculo interdictus fuit.

Cum autem temporis progressu simplicis aquae potatio vilesceret; et iam etiam a pluribus vinum expeteretur; ab omnibus tamen haberi minime posset; sive ob illius raritatem ac penuriam, sive etiam ob ignorantiam culturae, et agricolationis; sive ob locorum vinis ferendis incommoditatem: quod nec caeli nec soli haberent satis: et quia non omnis fert omnia tellus: fortasse etiam invidia aemulationeque gliscente; quod alii tam suavi, iucundo, et vires mirifice restaurante confirmanteque potu, veluti divino nectare, uterentur; ipsi vero eo carerent, communi cum brutis utentes potione: in defectu tam salutaris liquoris, animo versare coeperunt, quomodo aliqua saltem in parte vinum aemularentur. Itaque a simplici aquarum usu ad compositas, et arte mangonizatas conversi sunt: quarum infi-

wisse besondere Kunst, diese Wasser zu konservieren, die in früheren Zeiten völlig unbekannt war. Auf die Weise, wie wir beschrieben haben, aufbewahrt, wird es schneller trinkbar als man denkt, setzt sich ab und wird für den Trunk und für Speisen geeignet.

Wir lesen auch, dass die Könige der Perser, die später, nachdem sie ihr Reich verloren hatten, Parther genannt wurden, ausschließlich Wasser aus dem Fluss Choaspes tranken [Plinius, *Naturkunde* 31,21.35]. Ja, Strabon [15,3,22 p. 735] meint, dass sie auch Wasser wegen dessen Leichitgkeit aus dem Fluss Eulaios tranken, der die Zitadelle von Susa umfließt, wo der alte persische Palast steht. Schließlich erwähnt Agathokles bei Athenaios [12 p. 515a] eine gewisse Art Wasser, das die Perser »goldenes Wasser« nannten, dessen Quellen 70 an der Zahl waren, und von dem außer dem König und seinem ältesten Sohn niemand trinken durfte, da der Genuss dieses Wassers unter Todesstrafe stand.

Mit dem Fortschreiten der Zeit begann das Trinken von einfachem Wasser jedoch an Wert zu verlieren; und da immer mehr Menschen Wein verlangten, dieser jedoch nicht von allen erlangt werden konnte – sei es wegen seiner Seltenheit und Knappheit, sei es wegen der Unkenntnis des Anbaus und der Landwirtschaft, sei es wegen der Ungeeignetheit der Gebiete für den Weinanbau, da weder das Klima noch der Boden ausreichend waren – nicht jedes Land bringt ja alles hervor [vgl. Vergil, *Georgica* 2,109] –, und vielleicht auch, weil Neid und Rivalität aufkamen, da einige sich eines so angenehmen, erfrischenden und wundersam stärkenden Trankes, gleichsam göttlichen Nektars, erfreuten, während andere darauf verzichten mussten und sich mit einem gemeinsamen Trank wie die Tiere begnügten, begann man in Ermangelung dieses so heilsamen Tranks darüber nachzudenken, wie man ihn zumindest in gewissem Maße nachahmen könnte. So wandte man sich vom einfachen Gebrauch des Wassers hin zu zusammengesetzten und künstlich verfeinerten Getränken, von denen es nahezu unendliche Arten und Unterschiede gibt. Wer diese kennenlernen

nitae propemodum sunt species et differentiae. Eas qui volet cognoscere, Plinium lib. 31, cap. 2, consulat.

Hodie apud Turcos, qui, ex lege sui Mahometi, a vino abstinent, Saccharata in usu est: qua ipsorum Rex, cum suis proceribus, utitur: et non secus, ac nos generosissima quaeque vina, in deliciis habere dicuntur. Est etiam aqua alia mellita, alia ex lacte et melle confecta, plurimum inebrians: quibus Lithuani, Rutheni, Moschovitae, et Sarmaticae gentes, utuntur. Sunt qui ex avena etiam potum, cerebrum nimium percellentem, praeparant: alii ex hordeo, milio, aniso, foeniculo, passulis, aliisque id genus vel seminibus, vel fructibus, ut pyris et malis, vel etiam plantis et aromatibus conficiunt: idque aut per coctionem, macerationemque, aut per destillationem: quas singillatim explicare, non est praesentis instituti.

Vinorum etiam genera, species, formas, illorumque differentias sumptas a colore, odore, sapore, conditura et parandi ratione, viribus item et facultatibus, non persequar hoc loco. Videatur de his Plinius lib. 14. Galenus lib. 7, 8, 12 Methodi: item 5 de Sanitate tuenda, ubi copiose de his disseretur.

Persistam igitur in eo genere potus, quod aquam habet subiectam: quam variis qualitatibus imbuere homines conati sunt: ut hinc quoque mirificum hominum studium intueri liceat: quod hi in inveniendis, concinnandis, ac palato accommodandis potuum generibus, nihil non tentasse videantur: imo nulla in parte operosior videtur, et olim fuisse, et etiamnum esse vita humana, quam in effingendis potuum generibus: tanquam non saluberrimum ad potum aquae liquorem dederit natura, quo caetera omnia animantia utuntur: id quod Plinius quoque

möchte, möge bei Plinius im 31. Buch, Kapitel 2 [*Naturkunde* 31,2.4–5] nachschlagen.

Heute ist bei den Türken, die gemäß dem Gesetz ihres Mohammed auf Wein verzichten, das Getränk Saccharata in Gebrauch, das der König mit seinen Adligen genießt und das sie ebenso schätzen wie wir die edelsten Weine. Es gibt auch eine andere Art von gesüßtem Wasser, das aus Milch und Honig zubereitet wird und stark berauschend wirkt, welches die Litauer, Russen, Moskowiten und Sarmaten verwenden. Manche bereiten sogar aus Hafer ein Getränk, das den Geist stark beunruhigt; andere stellen es aus Gerste, Hirse, Anis, Fenchel, Rosinen und anderen Samen oder Früchten, wie Birnen und Äpfeln, oder auch aus Pflanzen und Gewürzen her: dies geschieht entweder durch Kochen und Einweichen oder durch Destillation. Die einzelnen Zubereitungsarten hier zu erklären, ist nicht das Ziel dieser Schrift.

Auch die Arten, Formen und Unterschiede der Weine, die nach Farbe, Geruch, Geschmack, Zubereitung und Herstellungsmethode sowie ihren Kräften und Eigenschaften unterschieden werden, werde ich hier nicht ausführlich behandeln. Diese können bei Plinius im 14. Buch [14,259.149–150] oder bei Galen in den Büchern 7, 8 und 12 der *Methodi Medendi* und in Buch 5 von *De sanitate tuenda* ausführlich behandelt nachgelesen werden.

Ich bleibe daher bei jener Art von Getränk, das Wasser als Grundlage hat, das die Menschen zu verschiedenen Qualitäten zu verarbeiten versucht haben, damit man auch hier das bewundernswerte Bestreben der Menschen betrachten kann: denn sie scheinen nichts unversucht gelassen zu haben, um neue Arten von Getränken zu entdecken, zu verfeinern und sie dem Gaumen anzupassen. In keinem Bereich erscheint das menschliche Leben so arbeitsintensiv, sowohl früher als auch heute, wie in der Erfindung von Getränken: als ob die Natur uns nicht das gesündeste Getränk, das Wasser, gegeben hätte, das von allen anderen Lebewesen verwendet wird. Das bestätigt auch Plinius im 14. Buch, Kapitel 22 [14,29.150], wo er schreibt, dass die Men-

lib. 14, cap. 22 testatur, quando scribit: homines non segniter in eo laborasse, ingeniumque veluti ostentare visos esse, dum ad bibendum 195 genera potuum; si species vero aestimentur, pene duplici numero, excogitarunt.

Plurima vero potuum genera ex illis vel penitus interiisse, vel obliterata esse, nullum est dubium: sicut vicissim nova et antea inaudita sequentibus aetatibus, et nunc etiam aetate nostra, excogitata, in usumque hominum prodita esse, nemo inficias ibit.

## De varia appellatione illius potus, qui ex granis frumentaceis conficiebatur olim, et nunc quoque conficitur. Cap. II.

De eo genere potus scripturo quod ex aqua communi, frumento et lupulo artificiose conficitur, ac usitato vocabulo Cerevisia nominatur, initio ratio istius appellationis explananda videtur: tum definitio, quae rem ipsam explicet, constituenda, partesque ipsius, causae, ac universa parandi ratio, quemadmodum et effectus, seu officia excutienda: ut inde universa Cerevisiarum natura, vires et facultates ipsarum, liquidius diiudicari, cognoscique possint. Et hic unicus et postremus nostrae tractationis scopus est.

Cerevisiae itaque appellatio sumpta esse videtur a Cerere, olim Dea, et inventrice frugum: quae et ipsa saepissime pro ipso frumento, seu etiam pane, sicut Liber pro vino, per metonymiam denominatur: quasi dicas potum frumentaceum. Quando vero appellatio Cerevisiae primum nata, quomodoque ad nos usque propagata sit, definire difficile est. Nam etsi a Cerere, ut dictum est, originem suam sumpsisse nullum sit

schen nicht faul waren, daran zu arbeiten, und sie schienen ihren Einfallsreichtum fast zur Schau zu stellen, indem sie 195 Arten von Getränken erfanden; wenn man die Unterarten zählt, sogar fast die doppelte Menge.

Es besteht kein Zweifel daran, dass viele dieser Arten von Getränken entweder völlig verschwunden oder in Vergessenheit geraten sind; wie umgekehrt neue und zuvor unbekannte Arten in späteren Zeiten, und sogar in unserer heutigen Zeit, erfunden und in Gebrauch genommen wurden, was niemand leugnen kann.

## Über die verschiedenen Bezeichnungen jenes Getränks, das früher aus Getreidekörnern hergestellt wurde und auch heute noch hergestellt wird Kapitel II

Was die Art des Getränks betrifft, das aus gewöhnlichem Wasser, Getreide und Hopfen kunstvoll hergestellt wird und mit dem gebräuchlichen Namen *Cerevisia* bezeichnet wird, so scheint es zunächst erforderlich, die Herkunft dieser Bezeichnung zu erklären. Dann muss eine Definition aufgestellt werden, die die Sache selbst erklärt, ebenso wie die Teile dieses Getränks, die Ursachen und das gesamte Herstellungsverfahren sowie die Wirkungen oder Aufgaben erläutert werden. Damit kann man die gesamte Natur des Bieres, seine Kräfte und Eigenschaften klarer beurteilen und erkennen. Dies ist das einzige und letzte Ziel unserer Abhandlung.

Der Name *Cerevisia* scheint von *Ceres*, der einstigen Göttin und Erfinderin der Feldfrüchte, abgeleitet zu sein [Isidor, *Etymologien* 20,3,17]. Sie selbst wird auch oft für das Getreide oder auch für das Brot verwendet, so wie *Liber* für den Wein, und zwar metonymisch, als ob man »Getränk aus Getreide« sagen würde. Wann der Name *Cerevisia* jedoch erstmals entstanden ist und wie er sich bis zu uns verbreitet hat, ist schwer zu bestimmen. Denn obwohl es, wie bereits gesagt, keinen Zweifel daran

dubium: tamen unde reliqua particulae adiectio irrepserit; ipsiusque integri novi nominis Cerevisiae unde denominatio orta sit, qui id declaraverit, audivi neminem. Itaque quid »Visia«, aut cuius linguae vocabulum sit, me ignorare confitebor, libenter.

Constat nec Graecum esse, nec Latinum, nec Italicum, nec Hispanicum, nec Gallicum, nec Germanicum, nec Slavicum vel etiam Henetum: et tamen apud solam Germanicam et Henetam gentem Latini nominis appellatio cum ipsa rei possessione, ad haec usque tempora perseverat. Nisi forte dicere velimus, a viribus Cereris sortitam esse illam appellationem, quod Cereris, seu frumenti vis tota in aquam sit incocta. Sed haec missa faciamus: neque de notatione istius Cerevisiae appellationis disputemus scrupulosius: siquidem constat omnibus, quid eo nomine intelligamus.

Utut sit igitur, nomen hoc, quocumque tandem auctore inventum sit, multo recentius esse videtur ipso potu frumentaceo antiquissimo. Nam Aegyptios primos huius potus auctores fuisse, non usque adeo longo decursu annorum post obitum Noe, scriptores testantur. In hoc tamen istorum discriminatae sunt sententiae, quod unam et eandem rem, seu unum illud potionis frumentaceae genus, non uno nomine vocaverint. Nam potum ex hordeo confectum appellabant Zythum, ut et Theophrastus, et Plinius lib. 22, cap. 25, auctor est, ubi in haec verba scribit: »Ex frugibus fiunt potus, Zythum in Aegypto: Celia et Ceria, in Hispania: Cerevisia, et plura genera, in Gallia, aliisque provinciis.« Graeci vero varias illi indiderunt appellationes. Vocaverunt enim οἶνος κρίθινος , id est vinum hordeaceum, ex hordeo confectum potum. Eundem Aristoteles (Athenaeo teste) πίνον vocavit. Unde nostris Bohemis, et genti Slavicae, appellatio deducta esse videtur, qui vernacula lingua omnem potum frumentaceum Piwo, et οἶνον Wino nuncupant. Etenim nostrum idioma cum Graecis magnam habet affinitatem: quam cum ipsis comparasse videtur ob vicinitatem et consuetudinem, dum in Paphlagonia, Galatia, et Asia minori, domicilium

gibt, dass der Name von *Ceres* stammt, ist jedoch unklar, woher der übrige Teil des Namens gekommen ist, und niemand hat je erklärt, wer den vollständigen neuen Namen *Cerevisia* geprägt hat. Daher muss ich bereitwillig eingestehen, dass ich nicht weiß, was *Visia* bedeutet oder zu welcher Sprache es gehört.

Es ist klar, dass es weder Griechisch noch Latein noch Italienisch, Spanisch, Französisch, Deutsch, Slawisch oder auch Venetisch ist. Und dennoch hat sich die lateinische Bezeichnung *Cerevisia* zusammen mit dem Besitz dieser Sache bis heute nur bei den germanischen und venetischen Völkern erhalten. Es sei denn, wir wollen sagen, dass diese Bezeichnung von den Kräften der *Ceres* herrührt, weil die ganze Kraft des Getreides in das Wasser hineingekocht ist. Aber lassen wir diese Frage beiseite und streiten nicht allzu genau über die Bedeutung des Namens *Cerevisia*, da es allen klar ist, was wir unter diesem Namen verstehen.

Wie dem auch sei, dieser Name, von wem auch immer er erfunden wurde, scheint viel neuer zu sein als das sehr alte Getreidegetränk. Denn die Schriftsteller bezeugen, dass die Ägypter die ersten Schöpfer dieses Getränks waren, nicht lange nach dem Tod Noahs. In diesem Punkt sind ihre Meinungen jedoch geteilt, da sie ein und dieselbe Sache, nämlich jene Art von Getreidegetränk, nicht mit einem einzigen Namen bezeichneten. Denn das aus Gerste hergestellte Getränk nannten sie *Zythos*, wie sowohl Theophrast [*Ursachen der Pflanzen* 6,11,2] als auch Plinius im 22. Buch, Kapitel 25 [22,82.164] bestätigen, wo er in diesen Worten schreibt: »Aus Getreide werden Getränke hergestellt, *Zythos* in Ägypten, *Celia* und *Ceria* in Spanien, *Cerevisia* und weitere Arten in Gallien und anderen Provinzen.« Die Griechen jedoch gaben ihm verschiedene Namen. Sie nannten es *oinos krithinos*, das heißt »Gerstenwein«, ein Getränk aus Gerste. Aristoteles nannte dasselbees (laut Athenaios 10,67 p. 447a) *pinon*. Daher scheint sich der Name bei unseren Böhmen und den slawischen Völkern abzuleiten, die in ihrer einheimischen Sprache jedes Getreidegetränk *Piwo* und Wein *Wino* nennen. Denn unsere Sprache hat eine große Ähnlichkeit mit dem Griechischen, die

habuisset, ante bellum videlicet Troianum, et longe quam in has, quas nunc incolit regiones, commigrasset. Cuius rei vel hoc indicium est, quod plurima vocabula, numerus dualis, figurae locutionum, et alia nobis cum Graecis sint cum eadem, tum communia. Verum haec non huius sunt instituti.

Sunt alii ex Graecis, qui eundem potum hordeaceum βρῦτον dixerunt, ut Sophocles in Triptolemo, et Hecataeus in Europae periodo, ubi Paeonas βρῦτον ait bibere ex hordeo, παραβίην vero ex milio et conyza. Diodorus Siculus Zythum non solum in Aegypto, sed in Galatia quoque fieri affirmat his verbis: »Tanta est Galatiae aeris frigiditas, ut neque vinum ea regio, neque oleum producat. Quare coacti homines, potum sibi ex hordeo componunt, quem appellant Zythum.«

Dioscorides etiam duo genera potus ex hordeo olim facta fuisse tradit: quorum alterum, Zythum; alterum, *Curmi* nominat. Sed nec is, nec ullus veterum aliquam laudem illi potui tribuunt, nec etiam quaenam illius parandi ratio fuerit, describunt. Quo fit, ut neque coniectura quidem assequi possimus, quantum nostra conficiendae Cerevisiae ratio a prisco illo frumentaceo potu differat.

Hoc tamen habent commune, quod ex hordeo et aliis granis parantur. Sed facile adducor ut credam, in parandi ratione plurimum nostram ab illa veterum differre. Averroës etiam, qui vixit circa annum Domini 1160, in suo colliget lib. 6, cap. de diminutione cibi, meminit Cerevisiae: quam confici solitam suo tempore dicit ex passulis, cum nucleis et sine nucleis: sed hanc quae sine nucleis fiebat, meliorem esse senibus. Item laudat veterem Cerevisiam, et quae habeat colorem Vini: »Sicut,« inquit, »Cerevisia, quae in nostra terra fit, vetus non appellatur,

sich durch die Nachbarschaft und den Umgang gebildet zu haben scheint, als sie in Paphlagonien, Galatien und Kleinasien ansässig waren, vor dem Trojanischen Krieg und lange bevor sie in diese Gegenden umzogen, die sie jetzt bewohnen. Ein Hinweis darauf ist, dass wir viele Wörter, den Dual, Redefiguren und andere sprachliche Eigenheiten mit den Griechen gemeinsam haben. Aber dies gehört nicht zu unserem Thema.

Andere unter den Griechen nannten dasselbe Gerstengetränk *brython*, wie Sophokles im *Triptolemos* und Hekataios in seinem *Umfahrung Europas*, wo er schreibt, dass die Paionen *brython* aus Gerste trinken, und eine *parabie* [Trinkmischung] aus Hirse und Alant [Athenaios 10 p. 447c]. Diodor von Sizilien [5,26,2] behauptet, dass *Zythos* nicht nur in Ägypten, sondern auch in Galatien hergestellt wird, mit den Worten: »So kalt ist die Luft in Galatien, dass dieses Land weder Wein noch Öl hervorbringt. Daher sind die Menschen gezwungen, sich aus Gerste ein Getränk zu bereiten, das sie *Zythos* nennen.«

Auch Dioskurides [2,109–110] berichtet, dass zwei Arten von Getränken aus Gerste hergestellt wurden, von denen das eine *Zythos* genannt wurde, das andere *Curmi*. Aber weder er noch irgendeiner der Alten lobten dieses Getränk oder beschrieben, wie es hergestellt wurde. Daher können wir nicht einmal durch Vermutung herausfinden, wie sich unser Verfahren zur Bierherstellung von dem alten Getreidegetränk unterscheidet.

Doch beide haben gemeinsam, dass sie aus Gerste und anderem Getreide hergestellt werden. Dennoch bin ich leicht geneigt zu glauben, dass sich unser Herstellungsverfahren erheblich von dem der Alten unterscheidet. Auch Averroës, der um das Jahr 1160 lebte, erwähnt in seinem Werk *Colliget*, Buch 6 im Kapitel über die Verringerung der Nahrung, *Cerevisia* [1542, 94r-94v], die zu seiner Zeit aus Rosinen mit oder ohne Kerne hergestellt wurde. Doch er sagt, dass die ohne Kerne besser für alte Menschen sei. Er lobt auch das alte Bier, das die Farbe von Wein hat. Er sagt: »So wie das Bier, das in unserem Land gemacht wird,

nisi spatium sex mensium transcendat, et in minori tempore non est conveniens conservationi sanitatis.«

Sic Averrois aetate Cerevisia tota substantia diversa fuit a veteri illa et moderna: ut quae non ex granis frumenti, sed passulis fiebat. Est itaque Cerevisia potus ex aqua, Cerere seu frugibus, et lupi salictarii floribus, coctione artificiosa confectus, ac rite defecatus: ut corpora humana, nativo humore ob continuum effluvium exhausta, rursus utili irrigatione restaurentur refocillenturque: denique satis fiat naturae ad sitim restinguendam.

## De electione frumenti, eiusque in Maltum, seu Polentam, seu Bynum, praeparatione, ad Cerevisiae cocturam. Cap. III

Explicato nomine Cerevisiae, eiusque adducta definitione, iam accedemus ad ipsam conficiendi rationem, omnibus ad eam necessariis rebus expositis. Dicemus autem in primis de forma conficiendae Cerevisiae triticeae seu albae: utpote cuius usus per universum Regnum Bohemiae et Poloniae, imo etiam in quibusdam Germaniae provinciis et urbibus, assiduus est. Nam ad formam illius mutatis paucis, omnes reliquae Cerevisiae parantur, sive hae sint triticeae, sive hordeaceae, aut mixtae.

Quando igitur Cerevisia ex tritico arte paranda est, primum omnium triticum eligitur optimum, nobilissimum, praestantissimumque, et quod pondere et nitore caeteris praestat: quale hibernum esse consuevit, et Columellae Robus appellatur. Nam illud quod mollius, levius et laxius est, huic usui non est

nicht als alt bezeichnet wird, es sei denn, es ist mehr als sechs Monate alt, und in kürzerer Zeit ist es nicht gut für die Erhaltung der Gesundheit.«

So war das Bier zur Zeit des Averroës in seiner gesamten Substanz verschieden von dem alten und modernen: denn es wurde nicht aus Getreide, sondern aus Rosinen hergestellt. Bier ist also ein Getränk, das aus Wasser, Ceres oder Getreide, und den Blüten des *lupus salictarius* (»Weidenhopfens«) durch kunstvolle Zubereitung hergestellt und ordnungsgemäß gereinigt wird, um den menschlichen Körper, dessen natürliche Feuchtigkeit durch ständigen Flüssigkeitsverlust erschöpft ist, durch nützliche Bewässerung wiederherzustellen und zu erfrischen und schließlich der Natur zu genügen, um den Durst zu stillen.

## Über die Auswahl des Getreides und seine Zubereitung zu Malz oder Polenta oder *Bynum* für das Kochen von Bier
## Kapitel III

Nachdem der Name *Cerevisia* erklärt und eine Definition aufgestellt wurde, gehen wir nun zum eigentlichen Herstellungsverfahren über, wobei alle notwendigen Dinge dafür dargelegt werden. Zuerst sprechen wir über die Herstellung des Weizenbiers oder weißen Biers, dessen Gebrauch im gesamten Königreich Böhmen und Polen, ja sogar in einigen Provinzen und Städten Deutschlands, weit verbreitet ist. Denn nach diesem Muster werden, mit wenigen Abweichungen, alle übrigen Biere angefertigt, ob sie nun aus Weizen, Gerste oder einer Mischung hergestellt werden.

Wenn also Bier kunstvoll aus Weizen zubereitet werden soll, wird zuerst der beste, edelste und hochwertigste Weizen ausgewählt, der in Gewicht und Glanz allen anderen überlegen ist, wie der Winterweizen, der von Columella [2,6,1] *robus* genannt wird. Denn der weichere, leichtere und lockerere

accommodum, nec umquam ad cocturam Cerevisiae assumitur. Acceptis igitur xx choris, seu modiis, mensurae Pragensis: (tot enim pro una coctura accipiuntur ad xxiv vasa implenda: quorum singula quatuor urnas ad summum continent) id per biduum, aut triduum maceratur aqua fluviali aut fontana in alveo grandi, lateribus constrato: donec et eluatur, et humectetur, et sufficienti maceratione intumescat. Circa quam macerationem etiam aquae delectus faciendus est, siquidem fluviali aqua, quae mollior est fontana et puteali, citius humectatur madescitque. Ideo diligenter cavendum, ne nimium quam par est, permadescat.

Causa autem macerationis haec potissimum esse videtur, ut tacita et intimius recondita in grano arefacto vis, moderata maceratione per universum grani corpus sese expromat, diffundat, dilatetque. Dico autem expresse, moderata maceratione, ne videlicet universa vis frumenti tenuiorisque substantiae quidpiam in accommodatum humorem transfundat, si diutius, quam usus et res postulat, permadescat: quod alias in medicamentorum infusionibus expetimus; in quibus eas praecipue vires, quae in tenuiori substantia consistunt, elicimus.

Fit etiam haec frumenti maceratio frigida aqua, non calida, aut tepida, neque in tepido loco, sicuti in medicamentis: ne, caloris beneficio, vis grani in ipsam aquam promptius exorbeatur. Macerantur item grana frumenti integra, non confracta: ne videlicet integra grani vis facilius dissipetur, sed intra carnem substantiamque illius contineatur. Ubi ad sufficientiam permaduit intumuitque, transponitur in pavimentum seu tabulatum siccum, saepiusque spathis, palisque ligneis versatur, in hunc potissimum usum, ut frequenti illa dispersione dissipatione-

Weizen ist für diesen Zweck nicht geeignet und wird niemals zum Kochen von Bier verwendet. Es werden also 20 *chori* [à knapp 100 l] oder Scheffel nach Prager Maß genommen (so viele werden für einen Kochvorgang benötigt, um 24 Fässer zu füllen, von denen jedes 4 randvolle *urnae* [Eimer, à gut 60 l] enthält). Diese (Menge) wird für zwei oder drei Tage in Fluss- oder Quellwasser in einem großen, mit Steinen ausgekleideten Becken eingeweicht, bis sie sowohl gewaschen als auch durchtränkt ist und durch ausreichendes Einweichen aufquillt. Was das Einweichen betrifft, ist auch die Auswahl des Wassers wichtig, da Flusswasser, das weicher ist als Quell- und Brunnenwasser, das Getreide schneller befeuchtet und durchtränkt. Daher ist darauf zu achten, dass es nicht stärker durchweicht, als es nötig ist.

Der Hauptgrund für das Einweichen scheint darin zu bestehen, dass die still verborgene Kraft im getrockneten Korn durch moderates Einweichen im gesamten Kornkörper freigesetzt, verbreitet und erweitert wird. Ich sage ausdrücklich »moderates Einweichen«, damit die gesamte Kraft des Getreides und die feineren Substanzen nicht zu sehr in die Flüssigkeit übergehen, wenn das Getreide länger eingeweicht wird, als es notwendig ist; wie wir es in medizinischen Aufgüssen anstreben, bei denen wir vor allem die Kräfte gewinnen, die in den feineren Substanzen bestehen.

Dieses Einweichen des Getreides erfolgt auch in kaltem Wasser, nicht in warmem oder lauwarmem Wasser, und auch nicht an einem warmen Ort, wie bei medizinischen Präparaten, damit die Kraft des Getreides nicht durch die Wärme schneller ins Wasser übergeht. Ebenso werden die Getreidekörner im Ganzen eingeweicht, nicht zerbrochen, damit die volle Kraft des Korns nicht leichter verloren geht, sondern in der Substanz und dem Körper des Korns erhalten bleibt. Wenn das Korn ausreichend eingeweicht und aufgequollen ist, wird es auf ein trockenes Pflaster oder eine Trockenfläche gebracht und oft mit Holzspateln und Stangen gewendet, hauptsächlich

que calorem quendam intra sese concipiat; et humorem, quo initio permaduit, aliquatenus exuat. Tum vero incipit suavem spirare odorem, protrusis resolutisque ab interno tritici calore halitibus. Quare confestim in aceruos planos congeritur: ne, si sparsim disiectum iaceret granum, conceptus intro calor facile expuat: verum firmius retineatur, intendaturque.

Hic labor bis terque repeti consuevit. Quod dum fit, tum vi et efficacia iam dicti caloris grana frumenti dissilire, et germina tenuia, instar capreolorum seu fibrarum, protrudere incipiunt: quibus sese mutuo grana complectuntur. Hic vero iterum diligentem curam Zythopseae, seu Cerevisiarii, adhiberi cupiunt: ne, praeterquam praesens usus postulat, granum germinet: adeoque vim suam praecipuam, sua illa germinatione, emittat. Mandant igitur subito illud palis ligneis verti dissiparique ex aceruis: ut, refrigerato aliquantisper grano, et praepediatur germinatio, et quae grana fibris ex madore enatis mutuo adhaeserunt concreveruntque, ea rursus illa dissipatione, eventilationeque disiungantur distrahanturque.

Hic labor summe est necessarius: diligenterque animadvertere iubent, ne quidpiam vel praetermittatur, vel segnius in eo opere laboretur; indeque accidat, ut ipsum granum, vel quam par est, ipsaque res postulat, in germen diffluat: vel, quod facillime accidere posset, situm contrahat. Dissipato eventilatoque frumento, transponitur id, distribuiturque in ligneos crates, desiccaturque moderato calore, succensa fornace, in officina polentaria seu Maltaria, lignis quernis, aut betuleis, vel etiam fagineis: ut plurimum autem querna huic usui accommodare consueverunt: ac saepiuscule in illis cratibus vertitur, lentoque, ut dictum est, igne torretur.

um durch häufiges Wenden und Verteilen eine gewisse Wärme im Inneren zu erzeugen und um den Feuchtigkeitsgehalt, den es durch das Einweichen erhalten hat, teilweise zu reduzieren. Dann beginnt es einen angenehmen Geruch zu verströmen, wenn durch die innere Wärme des Weizens Dämpfe freigesetzt werden. Daher wird es sofort in flache Haufen zusammengeschichtet: denn wenn das Korn verstreut liegen bliebe, würde die aufgenommene Wärme leicht entweichen, während sie in Haufen besser gehalten und verstärkt wird.

Diese Arbeit wird zwei- oder dreimal wiederholt. Währenddessen beginnen die Getreidekörner aufgrund der genannten Wärme zu platzen und zarte Keime, ähnlich wie Ranken oder Fasern, zu treiben, mit denen sie sich gegenseitig umschlingen. Hier ist erneut große Sorgfalt des Brauers oder Biermachers geboten: das Getreide soll nicht weiter keimen, als es der aktuelle Bedarf erfordert, damit es nicht seine wesentliche Kraft durch das Keimen verliert. Daher befehlen sie, es sofort mit hölzernen Spateln umzuwenden und aus den Haufen zu verteilen, damit das Getreide etwas abkühlen kann, die Keimung gehemmt wird und die Körner, die durch die Feuchtigkeit miteinander verklebt sind, wieder getrennt werden.

Diese Arbeit ist äußerst notwendig, und sie gebieten, dass man sorgfältig darauf achtet, dass nichts ausgelassen wird und kein Teil der Arbeit zu langsam ausgeführt wird; andernfalls kann es passieren, dass das Korn selbst, entweder mehr als angemessen oder erforderlich ist, zu einem Keim keimt oder, was am wahrscheinlichsten ist, schimmlig wird. Nachdem das Korn gestreut und geschrotet ist, wird es auf Holzgestelle verteilt und bei mäßiger Hitze getrocknet, wobei der Ofen in der Mälzerei mit Eichen-, Birken- oder auch Buchenholz befeuert wird. Am häufigsten wird jedoch Eichenholz für diesen Zweck verwendet. Das Getreide wird auf diesen Gestellen häufig gewendet und, wie erwähnt, bei langsamer Hitze schonend geröstet.

Cuius siccationis, seu tostionis is potissimum usus esse cognoscitur, ut et facilius mola conteri possit, et aliquid acrimoniae seu empyreumatis acquirat: ut item flatulentum spiritum, quem intra se concepit ex maceratione praeterita, totoque eo labore, de quo dictum est, dissipet: ac ex illa levi torrefactione aliquid siccitatis contrahat, efficaciusque detergat. Cavendum autem hic iterum est, ne, in desiccatione illa, vel aduratur, vel saltem nimium concalescat, rufedineque imbuatur.

Hoc modo praeparatum triticum, seu etiam hordeum, novam incipit sortiri appellationem. Iam enim non triticum aut hordeum, sed polenta non commolita, seu Bynum, ut Aëtio placet, vocatur. Nam is hordeum, dicto modo praeparatum, ita appellari vult: quam appellationem non iniuria ad triticum nostrum transferre possumus. Germani hanc polentam Maltz, unde quidam Maltum; sed Bohemi Slad a dulcedine nominant.

Post iam dictam torrefactionem, accedunt duo Zythopseae, seu Cerevisiarii, et Bynum palis rutellisque ligneis dispergunt et eventilant. Tertius levis aqua conspergit irrigatque, in hunc praecipue finem, ut et aliquantulum refrigescat granum, et ab expiratione utilium halituum prohibeatur: imo ut vis interna grani circumstante frigore contineatur exciteturque. Mox in aceruos colligitur, scopisque converritur. In quibus ita collectum relinquitur, ut quiescat, caloremque intra se conceptum retineat ad duas vel tres horas. Et hunc laborem, duabus aut tribus illis horis elapsis, iterum repetunt.

In illa irrigatione caute agendum est, ne nimia fiat. Non posset enim mola conteri: sed inquinaretur solum in molendo pulmenti instar. Usus irrigationis hic est, ne videlicet pars praestan-

Der Hauptzweck dieser Trocknung oder Röstung besteht darin, das Getreide so vorzubereiten, dass es leichter in einer Mühle gemahlen werden kann, und auch um eine gewisse Schärfe oder ein leicht angebranntes Aroma zu entwickeln. Ebenso soll der aufgenommene Gärdampf, der während des Einweichens und der Verarbeitung entstanden ist, entweichen und das Getreide durch die leichte Röstung eine gewisse Trockenheit erlangen, um es wirksamer zu machen. Auch hier ist darauf zu achten, dass das Getreide nicht verbrannt wird oder zu stark erhitzt und rötlich gefärbt wird.

Das so vorbereitete Weizen- oder Gerstenkorn beginnt eine neue Bezeichnung zu erhalten. Es wird nicht mehr Weizen oder Gerste genannt, sondern *Polenta* oder ungemahlenes Malz oder *Bynum*, wie Aëtios [von Amida] es will. Er sagt, dass Gerste, die auf diese Weise vorbereitet ist, so genannt wird. Diese Bezeichnung können wir mit gutem Grund auch auf unser Weizenmalz übertragen. Die Deutschen nennen dieses Malz *Maltz*, wovon einige *Maltum* ableiten; die Böhmen hingegen nennen es *Slad*, aufgrund seiner Süße.

Nach der beschriebenen Röstung treten zwei Brauer hinzu und zerstreuen und lüften das Malz mit hölzernen Schaufeln und Rüttelstangen. Ein dritter bespritzt es leicht mit Wasser, hauptsächlich um das Getreide etwas abzukühlen und den Verlust der wertvollen Dämpfe zu verhindern: im Gegenteil, die innere Kraft des Korns soll durch die umgebende Kälte erhalten und angeregt werden. Danach wird das Getreide wieder zu Haufen zusammengeschichtet und mit Besen festgeklopft. Dort bleibt es für zwei oder drei Stunden liegen, damit es ruhen und die aufgenommene Wärme in sich halten kann. Dieser Vorgang wird nach Ablauf der zwei oder drei Stunden erneut wiederholt.

Beim Besprengen mit Wasser ist darauf zu achten, dass es nicht übermäßig geschieht. Andernfalls könnte es nicht gut gemahlen werden, sondern nur zu einem Brei werden. Der Zweck

tissima grani exhalet evaporetque, ac deinde in commolitione aliquid pollinis evolet. Quae enim exacte sicca seu tosta pinsuntur commolunturque, tenuem pulverisculum lapidi molari et parietibus adhaerentem ex se spargunt. Quod ne fiat, neve quidquam e potiori substantia in ipsa commolitione deperderetur, in qua non subtilis pollen, seu farina requiritur, sed ipsa rudior crassiorque contritio, aqua irrigari consuevit.

Hoc igitur Maltum, Bynum, seu polenta non commolita, saccis frumentaceis imposita, devehitur in molendinum ut conteratur mola, in farinam crassiorem: qualis olim dicta est, vel κρίμνον, vel polenta. Nominabis illam iisdem nominibus, addito, differentiae causa, cuius farina illa sit, puta Crimnon triticeum aut hordeaceum, vel polenta triticea, hordeacea commolita: item maltum seu Bynum triticeum vel hordeaceum commolitum: aut item simpliciter farina crassior triticea seu hordeacea.

Hanc farinam aurigae Cerevisiarii ex molendino advehentes, maxima laetitiae signa edunt, proclamantes voce stentorea, Polenta, polenta: vel quod propediem sint habituri quo aqualiculos suos ex grandibus illis et multum capacibus Zythophoris, non sorbillando aut pitissando, sed large admodum infundendo expleant distendantque: vel quod, sicut veredarii aut Pegasei illi cursores inflato cornu seu buccina signum dant suae adventationis, monentque ut absque mora alios recentes equos adornent: ita isti aurigae vociferatione sua signum dant Zythopseis, monentque ut praesto sint ad tollendam polentam contritam.

Atque haec est necessaria primo tritici praeparatio in polentam commolitam: ex qua demum Cerevisiae coctio, modo, qui in sequentibus exponetur, instituitur perficiturque.

des Besprengens ist, zu verhindern, dass der wertvollste Teil des Korns verdampft und dass beim Mahlen etwas vom Mehl verloren geht. Denn wenn etwas exakt Trockenes oder Geröstetes gemahlen wird, streut es feinen Staub, der sich an der Mühlsteinplatte und den Wänden festsetzt. Um dies zu verhindern und um zu vermeiden, dass beim Mahlen etwas von der wertvollen Substanz verloren geht – bei der nicht feines Mehl, sondern eher eine gröbere Zerkleinerung erforderlich ist –, wird das Malz mit Wasser besprengt.

Dieses Malz oder *Bynum*, oder ungemahlene Polenta, wird in Getreidesäcke verpackt und zur Mühle transportiert, wo es grob gemahlen wird, zu einer Art grobem Mehl: das in früheren Zeiten entweder *krimnon* [Dioskurides 2,108] oder *polenta* genannt wurde. Du kannst es mit denselben Namen bezeichnen, und der Unterscheidung halber hinzufügen, welches Mehl es ist, z. B. *Crimnon* aus Weizen oder Gerste, oder gemahlene Weizenpolenta oder Gerstenpolenta: ebenso gemahlenes Weizen- oder Gerstenmalz oder einfach grobes Weizen- oder Gerstenmehl.

Die Kutscher, die dieses Mehl aus der Mühle herbeischaffen, zeigen große Zeichen der Freude und rufen mit lauter, durchdringender Stimme: »Polenta, Polenta!«, entweder weil sie bald ihre großen und sehr geräumigen Braukessel nicht durch Schlürfen oder Zischen, sondern durch weites Ausgießen vollmachen und füllen werden; oder weil sie, wie die Kuriere oder Boten mit ihren aufgeblasenen Hörnern oder Trompeten das Zeichen ihrer Ankunft geben und auffordern, ohne Verzögerung frische Pferde vorzubereiten: so geben diese Wagenführer durch ihre Rufe den Brauern das Zeichen und fordern sie auf, bereit zu sein, das gemahlene Malz zu übernehmen.

Und dies ist die notwendige erste Vorbereitung des Weizens zu gemahlenem Malz, aus dem dann das Bier gebraut wird, nach dem Verfahren, das im Folgenden erläutert wird.

## De praeparatione Cremoris polentacei ad Cerevisiae cocturam Cap. IIII.

Principio in aheno amplo cerevisiario ad Cerevisiae cocturam tantummodo destinato, fornacique imposito, aqua fontana quam optime decoquitur: ac ita fervens in grandes illas, amplissimaeque capacitatis cupas, seu cados transfunditur: statimque ahenum alia frigida aqua repletur, et similiter decoquitur, transfunditurque: quod fit quaterna repetitione. Mox in illam aquam ferventem coniicitur polentae commolitae, quantum satis est, et consuetudo obtinuit ad unam Cerevisiae cocturam.

Non enim eadem polentae et aquae mensura ubique observatur: sed in quibusdam urbibus polentae plus, in aliis minus accipitur. Inde fit, ut Cerevisiae non eundem bonitatis gradum teneant: sed aliae sint meraciores, dilutiores aliae.

In urbe Pragensi pro una coctura accipiunt polentae mola confractae mensuras XX, seu medymnos Pragenses: aquae vero tantum, ut post absolutam Cerevisiae cocturam XXIV orcae, seu vasa communia Cerevisiaria impleri possint. In urbe Iglauia Moraviae, ubi potior Cerevisia paratur, et Viennam etiam devehitur, ex LII mensuris polentae centum urnas Cerevisiae conficiunt: et adiciunt lupuli mensuras sex, aut minimum quinque: unde saporem amariusculum contrahit.

Iniecta ergo polenta, ut dictum est, in aquam ferventem, spathis et rutabulis ligneis diligentissime fortissimeque agitatur, permisceturque: ut fervido suo calore omnem polentae substantiam et vim exacte in se recipiat, exhauriat, exorbeatque: ac veluti in chylum quendam, seu sorbitionem, seu cremorem viscidum, lentum et glutinosum vertat. Quod ut facilius fieri

## Über die Zubereitung des Breis der Polenta zum Kochen von Bier
## Kapitel IV

Zunächst wird in einem großen Braukessel, der ausschließlich zum Bierbrauen bestimmt ist und auf den Ofen gesetzt wird, Quellwasser gründlich gekocht. Wenn es kocht, wird es in die großen, sehr geräumigen Bottiche oder Fässer umgefüllt. Sofort wird der Kessel erneut mit kaltem Wasser gefüllt, ebenso gekocht und umgefüllt. Dieser Vorgang wird viermal wiederholt. Dann wird die gemahlene Polenta in das kochende Wasser geworfen, in der Menge, die für eine Bierherstellung ausreicht und die nach Brauch und Tradition verwendet wird.

Es wird nicht überall die gleiche Menge Polenta und Wasser verwendet: in manchen Städten wird mehr Polenta genommen, in anderen weniger. Daraus ergibt sich, dass das Bier nicht immer denselben Qualitätsgrad hat: Einige Biere sind stärker, andere schwächer.

In der Stadt Prag [Praha] werden für einen Brauvorgang 20 Maß oder Prager *medymni* [s. o. S. 45] gemahlener Polenta verwendet; und es wird so viel Wasser zugegeben, dass nach Abschluss des Brauvorgangs 24 Fässer oder gewöhnliche Bierbehälter gefüllt werden können. In der Stadt Iglau [Jihlava] in Mähren, wo ein besonders gutes Bier gebraut wird, das auch nach Wien transportiert wird, werden aus 52 Maß [à gut 50 l] Polenta 100 Eimer [s. o. S. 45] Bier hergestellt. Dazu werden 6 oder mindestens 5 Maß Hopfen hinzugefügt, wodurch das Bier einen leicht bitteren Geschmack erhält.

Nachdem die Polenta, wie bereits gesagt, in das kochende Wasser geworfen wurde, wird sie sorgfältig und kräftig mit hölzernen Spateln und Rührlöffeln gerührt und vermischt, damit die Hitze des Wassers die gesamte Substanz und Kraft der Polenta vollständig aufnimmt, herauszieht und absorbiert und sie in eine Art Brei [*cremor*] oder dickflüssige, klebrige und

possit, in hunc usum polenta in crassiorem farinam confracta est.

Huius cremoris pars aliqua, extracto epistomio e fundo cupae, obiecto foramini colatorio ex stramine contexto, (ne quid una cum cremore etiam polentae efflueret) in subiectum alveum demittitur: indeque illius circiter ad duas urnas iniicitur in caldarium: adiunctaque iusta portione polentae, ex cado desumptae, validissimo igne percoquitur. Percoctum, rursus ex caldario transfunditur in priorem cadum: permisceturque cremori, cum polenta illic relicto. Hinc statim iterum eodem cremore repletur ahenum, coquiturque eadem ignis vi, ut prius: ac eiicitur in cadum: et tertio refunditur elixaturque, ut dictum est. Postremo puro cremore, qui dulcis est, ahenum et alveus seu canalis eluitur.

Haec est cremoris iusta et omnibus numeris absoluta praeparatio: quae consistit maceratione, et terna elixatione. Iam non est difficile, etiam causas huius praeparationis considerare, praesertim, si quae initio de maceratione integri tritici in aqua frigida, dicta sunt, revocentur in animum, conferanturque cum hac confractae polentae in aqua fervida maceratione: quibus haec solummodo addenda, dissolvendaque esse videntur: cur post exactam macerationem polentae, cremorisque extractionem, terna adhuc superaddita sit eiusdem cremoris elixatio?

An non maceratio omnem polentae vim, tenuioremque et potissimam illius substantiam exhauserit, in liquoremque transumpserit, reliqueritque in polenta solum partes crassas, terreas, et inutiles? Praeterea, an tot elixationibus partes tenuiores in cremore in vapores resolvantur, relinquanturque crudae

zähe Suppe verwandelt. Damit dies leichter gelingt, wird die Polenta zu grobem Mehl gemahlen.

Ein Teil dieses Breis [*cremor*] wird, nachdem der Zapfen am Boden des Fasses entfernt wurde und ein mit Stroh geflochtener Filter auf die Öffnung gelegt wurde (damit nicht zusammen mit dem Brei auch Polenta herausfließt), in einen darunter stehenden Behälter abgelassen. Davon werden etwa 2 Eimer [s. o. S. 45] in den Kessel gegossen; eine angemessene Menge Polenta wird aus dem Fass hinzugefügt, und das Ganze wird bei sehr starker Hitze gekocht. Nachdem es gut durchgekocht wurde, wird es wieder aus dem Kessel in das vorherige Fass zurückgegossen und mit dem dort verbliebenen Brei und der Polenta vermischt. Anschließend wird der Kessel erneut mit demselben Brei gefüllt und wieder unter derselben Hitze gekocht wie zuvor, und er wird erneut in das Fass gegossen. Dies wird ein drittes Mal wiederholt, wie bereits beschrieben. Schließlich werden der Kessel und die Rinne oder der Kanal mit dem reinen und süßen Brei ausgewaschen.

Dies ist die vollständige und ordnungsgemäße Zubereitung des Breis, der aus dem Einweichen und dem dreifachen Kochen besteht. Es ist nicht schwer, auch die Gründe für diese Zubereitung zu betrachten, insbesondere wenn man sich an das erinnert, was anfangs über das Einweichen des ganzen Weizens in kaltem Wasser gesagt wurde, und dies mit dem Einweichen der gemahlenen Polenta in heißem Wasser vergleicht. Was hinzugefügt und geklärt werden muss, ist, warum nach dem vollständigen Einweichen der Polenta und dem Abziehen des Breis noch ein dreifaches Kochen des Breis erforderlich ist.

Hat das Einweichen nicht bereits die ganze Kraft der Polenta und die feineren und wichtigsten Substanzen herausgelöst und in die Flüssigkeit überführt, sodass nur noch die groben, erdigen und nutzlosen Teile in der Polenta verbleiben? Außerdem, werden die feineren Teile durch das viele Kochen des Breis nicht in Dampf aufgelöst und unbrauchbar zurückgelas-

et inutiles? Ad quae dubia sic ego, salvo meliore iudicio, respondendum esse existimo.

Etsi maceratio praecesserit, tamen, quia succus, seu cremor polentaceus, invariatus et inalteratus, qualis in ipso corpore polentae inventus fuerat, extractus est: necessarium videbatur, ut is per elixationem maturaretur, inque absolutum maturationis terminum deduceretur, et nostro usui commodior redderetur. Deinde, quia partes tenues ex substantia lenta et viscida polentae, adeoque universa illius vis non potuisset sufficienter maceratione illa elici; et ob hanc causam additam esse elixationem seu decoctionem, non solum ut universa polentae substantia, ac latens interna vis et facultas evincatur, quae in liquoris substantiam tota commigrat: verum etiam crudus humor et redundans maturetur altereturque.

Postremo, dico, in cremore polentaceo tenuiores partes coctione non tam facile dissipari evanescereque, ut in aliis rebus accidere videmus: praesertim in rhabarbaro et similibus, in quibus vis purgandi, quae in partibus subtilioribus dissipabilique substantia consistit, coctione quidem pauca evocatur: multa vero, vel etiam diutina asservatione tota plerumque dissipatur disperditurque. At in cremore, quoniam partes illae tenuiores et aqueae semper alicuius lentoris et visciditatis sunt participes, propterea neque facile exhalare possunt, neque, etiamsi illarum quidpiam exhalet, aliquid de viribus et facultatibus decedit diminuiturque. Nam tota vis, et facultas polentacea, in crassiore natura, lenta, glutinosa et viscida inhaeret, et altius demersa est, quae non, nisi coctione valida in accommodatum liquorem evocari potest. Sicut etiam idem fieri videmus, in musto et sapa; quae, quo magis decoquuntur, eo magis viscositas in illis augetur. Hanc igitur ob causam hic quoque terna et valida cremoris cum polenta adhibetur elixatio.

sen? Auf diese Zweifel antworte ich – natürlich vorbehaltlich eines besseren Urteils – wie folgt:

Auch wenn das Einweichen vorausging, wurde der Saft oder der Brei [*cremor*] der Polenta in unverändertem und unmodifiziertem Zustand, wie er im Körper der Polenta enthalten war, extrahiert. Es war daher notwendig, dass er durch das Kochen reifte und zu seinem endgültigen Reifepunkt gebracht wurde, um für unsere Verwendung besser geeignet zu sein. Darüber hinaus konnten die feineren Teile der zähen und viskosen Polenta durch das bloße Einweichen nicht ausreichend freigesetzt werden; und aus diesem Grund wurde das Kochen hinzugefügt, nicht nur, um die gesamte Substanz der Polenta und die verborgene innere Kraft und Eigenschaft vollständig herauszulösen, die dann in die Flüssigkeit übergeht, sondern auch, um den rohen und überschüssigen Saft zu reifen und zu verändern.

Schließlich sage ich, dass die feineren Teile in des Breis [*cremor*] der Polenta durch das Kochen nicht so leicht verdampfen und verschwinden, wie wir es bei anderen Dingen sehen, insbesondere bei Rhabarber und ähnlichen Pflanzen, bei denen die abführende Kraft, die in den feineren und flüchtigeren Substanzen liegt, durch wenig Kochen hervorgerufen wird, aber bei längerer Aufbewahrung vollständig zerstört wird. Doch weil im Brei der Polenta die feineren und wässrigen Teile immer an einer gewissen Zähigkeit und Viskosität teilhaben, können sie nicht so leicht verdampfen. Und selbst wenn ein Teil davon verdampft, wird nichts von den Kräften und Eigenschaften verringert oder abgeschwächt. Denn die ganze Kraft und Wirkung der Polenta ist in der dichteren, zähen, klebrigen und viskosen Substanz verwurzelt und tiefer eingebettet, die nur durch kräftiges Kochen in eine geeignete Flüssigkeit überführt werden kann. Ebenso sehen wir dies bei Most und Traubenmost; je mehr sie gekocht werden, desto stärker nimmt ihre Viskosität zu. Aus diesem Grund wird auch hier die dreifache und kräftige Abkochung des Breis mit der Polenta angewendet.

## De additione lupuli, qui dat formam Cerevisiae. Cap. V.

Hactenus de absoluta cremoris polentacei praeparatione dictum esto: restat, ut reliquam partem persequamur, quae consistit in additione lupuli et Cerevisiae fermentatione. Excocto igitur cremore, eoque omni in cupam illam transfuso, aperto cupae epistomio, aliqua eius quantitas defluere permittitur in subiectum alveum, indeque rursus immittitur in ahenum: in quod iniiciuntur duo chori florum lupi salictarii, ac lento igne friguntur ad consumptionem fere infusi cremoris. Hic vero iterum vigilantem decet esse Zythepsam, ut lupulum rite frigat, et non adurat; unde deinceps vel amaresceret Cerevisia, vel fumum empyreumaque redoleret.

Deinde in illum lupulum frigatum, in ahenoque relictum, per adhibitum canalem tantum cremoris imponitur, quantum ahenum capere potest: permittiturque, ut aliquandiu efferuescat, donec omnis lupuli vis et facultas in ipsum cremorem fuerit translata. Quod reliquum est cremoris in cado, seu cupa, id omne per saepe nominatum epistomium cadi demittitur in subiectum alveum, ex eoque rursus transfunditur in alios cados. Quod dum fit, interea Zythepsa insilit in dictum cadum cremore iam vacuum, ac quisquilias polentaceas in eo relictas spatha lignea subruit et invertit: inde mox cremorem lupulaceum ex aheno seu caldario scaphis auferri, et per calathos seu corbes colatorios in reliquos cados seu tinas, in quas cremor polentaceus distributus fuit, transfundi et percolari mandat.

Cavendum autem hic est diligentissime, quando cremor ille in plures tinas seu dolia diffunditur, ne in eisdem perfrigescat

## Über das Hinzufügen von Hopfen, der dem Bier seine Form gibt Kapitel V

Bisher wurde über die vollständige Zubereitung des Breis [*cremor*] der Polenta gesprochen; es bleibt nun, den Rest zu behandeln, der im Hinzufügen von Hopfen und der Fermentation des Bieres besteht. Nachdem also der Brei abgekocht und vollständig in das Fass gegossen wurde, lässt man, nachdem der Zapfen des Fasses geöffnet wurde, einen Teil davon in einen darunterliegenden Behälter abfließen und gießt ihn erneut in den Kessel. In diesen Kessel werden 2 *chori* [s. o. S. 45] von Hopfenblüten geworfen, die dann bei schwacher Hitze gekocht werden, bis fast der gesamte Brei eingekocht ist. Hier muss der Brauer erneut wachsam sein, damit der Hopfen richtig gekocht und nicht verbrannt wird; andernfalls würde das Bier entweder bitter werden oder nach Rauch und angebranntem Aroma schmecken.

Dann wird durch einen Kanal in den Kessel mit dem gekochten Hopfen so viel Brei gegossen, wie der Kessel fassen kann, und es wird zugelassen, dass das Ganze eine Weile köchelt, bis die gesamte Kraft und Eigenschaft des Hopfens in den Brei übergegangen ist. Der verbleibende Brei im Fass wird dann durch das oft genannte Fassventil in einen darunterliegenden Behälter abgelassen und von dort erneut in andere Fässer umgefüllt. Während dies geschieht, steigt der Brauer in das nun leere Fass, in dem zuvor der Brei war, und entfernt die Polentarückstände mit einem hölzernen Spatel, indem er sie aufwühlt und wendet. Er befiehlt dann, den hopfenhaltigen Brei mit Schöpflöffeln aus dem Kessel zu nehmen und durch Siebe oder geflochtene Körbe in die anderen Fässer oder Bottiche zu filtern, in die der Brei der Polenta bereits verteilt worden war.

Hier ist jedoch äußerste Sorgfalt geboten, dass der Brei, wenn er in mehrere Bottiche oder Fässer verteilt wird, nicht abkühlt

emoriaturque: quod potissimum hyberno tempore accidere consuevit. Quare tempestive omnis ille cremor in unum cadum colligi consuevit: aut, siquidem aestivum tempus est, in varios cados diffunditur, asservaturque aliquantulo spatio temporis, donec refrixerit.

## De additione facum seu crassamentorum Cerevisiariarum.
## Cap. VI.

Illi ipsi cremori in unum cadum aut plures collecto, quando adhuc iustum teporem retinet, statim affunditur mensura dimidiae propemodum urnae faecum seu crassamentorum Cerevisiariarum, quae Cerevisia, iam in sua vasa distributa eiicere, dum efferuescit, solet. Hac permixtione faecum veluti plantatur aut colitur Cerevisia, sitque ex agresti domestica.

## De infusione Cerevisiae in serias.
## Cap. VII.

Iam vero illam Cerevisiam ex illis cadis duo baiuli cerevisiarii vsitatis suis scaphis seu urnis, traiecto per duo foramina scaphae vecte, et humeris imposito, auferunt, ac vasa cerevisiaria (quae ab auctoribus antiquis seriae seu orcae vocantur: et sunt oblonga, capacia fere urnarum quatuor) suo loco et ordine disposita, implent. Hordeacea tamen Cerevisia in picata infunditur vasa. In his vasis tum primum Cerevisia defaecari et ebullire, ac faeces illae vim suam ad actum deducere incipiunt, adeo ut omnem illum locum, in quo efferuescit, vaporibus veluti densis nebulis repleat: in quem si quis forte tum incautus ingreditur, subito praefocatus concidit.

und verdirbt, was besonders im Winter zu passieren pflegt. Deshalb wird oft der gesamte Brei in einem einzigen Fass gesammelt; oder, wenn es Sommer ist, wird er in mehrere Fässer verteilt und für eine Weile aufbewahrt, bis er abgekühlt ist.

## Über das Hinzufügen von Hefe oder Bierschaum
## Kapitel VI

Dem Brei [*cremor*], der entweder in einem einzigen oder mehreren Fässern gesammelt wurde, wird, solange er noch die richtige Wärme hat, sofort etwa ½ Maß [s. o. S. 45] Hefe oder Bierschaum hinzugefügt, die von Bier stammt, das in seine Fässer abgefüllt wurde, und die während des Gärens aufsteigt. Durch das Mischen der Hefe wird das Bier gleichsam »gepflanzt« oder »kultiviert«, und es wird aus dem wilden ein häusliches Bier.

## Über das Abfüllen des Bieres in Fässer
## Kapitel VII

Nun wird das Bier von zwei Brauereiarbeitern mit ihren üblichen Schöpfkellen oder Krügen, die durch zwei Löcher mit einem Tragestab verbunden und auf die Schultern gelegt werden, aus den Fässern entnommen und in die Bierfässer (die von alten Autoren *seriae* oder *orcae* genannt werden und die länglich sind und etwa 4 Eimer [s. o. S. 45] fassen) gefüllt, die an ihrem Platz und in der richtigen Reihenfolge aufgestellt wurden. Das Gerstenbier wird jedoch in mit Pech ausgekleidete Fässer gefüllt. In diesen Fässern beginnt das Bier zum ersten Mal zu klären, zu gären und die Hefe beginnt ihre volle Wirkung zu entfalten, so dass der gesamte Raum, in dem das Bier gärt, von dichten, nebelartigen Dämpfen erfüllt wird. Wer zufällig unvorsichtig in diesen Raum tritt, wird sofort erstickt und fällt zu Boden.

Ut vero citius deferuescere Cerevisia possit, solent, praesertim hyberno tempore, prunas in eo loco collocare. Porro in illa ebullitione crassamenta, quae foras per superius vasis orificium eiiciuntur, suppositis alveolis excipiuntur: et nominantur lupulariae faeces, seu prima excrementa; quoniam multum secum lupuli trahunt, suntque ipsius beneficio amarissimae. Omnes autem hae faeces effunduntur in unum dolium: in his supernatat spuma alba, instar lactis, quae colligitur patinula lignea foraminibus parvis pertusa, et seorsim reponitur. Est enim veluti gluten quoddam, et servit pileatoriis, ad incrustandos pileos.

Collectis et purgatis a glutine faecibus lupulariis, illae eaedem rursus ordine in singula vasa, Cerevisia repleta, refunduntur, ac Cerevisia ab illis secundo ebullit, eiicitque materiam faeculentam, spissiorem aliquanto priori. Hae faeces nominantur secundariae, estque earum usus ad defaecandam Cerevisiam recens coctam, item ad panificia, omnisque generis placentas nostrae genti usitatissimas, fermenti vice.

Damit das Bier schneller zu gären beginnt, ist es üblich, insbesondere im Winter, glühende Kohlen in den Raum zu stellen. Während dieser Gärung werden die festen Rückstände, die durch die obere Öffnung des Fasses herausgeschleudert werden, in bereitgestellten Behältern aufgefangen. Diese Rückstände nennt man *lupulariae faeces* (Hopfenschaum), oder die ersten Ausscheidungen, weil sie viel Hopfen mit sich führen und durch dessen Wirkung äußerst bitter sind. All diese Rückstände werden in einem großen Fass gesammelt, und auf ihnen schwimmt ein weißer Schaum, ähnlich wie Milch, der mit einem Holzlöffel, der kleine Löcher hat, abgeschöpft und separat aufbewahrt wird. Es ist eine Art Kleber und wird von Hutmacherwerkstätten verwendet, um Hüte zu beschichten.

Nachdem die Hefen von diesem Kleber gereinigt wurden, werden dieselben Rückstände der Reihe nach wieder in jedes Fass zurückgegeben, in dem das Bier gefüllt wurde, und das Bier gärt erneut, wobei es einen etwas dickeren, trüben Stoff als beim ersten Mal ausstößt. Diese Rückstände nennt man die sekundäre Hefe, und sie wird verwendet, um das frisch gebraute Bier zu klären, ebenso als Backhefe für Brot und alle Arten von Kuchen, die in unserer Region sehr beliebt sind.

## De transvectione Cerevisiae iam ad bibendum aptae. Cap. VIII.

Quando igitur plene deferbuit, defaecataque fuerit Cerevisia, et nihil amplius faecum appareat, (quod fit aestate spatio tridui, hyeme dierum sex) facta est idonea ad bibendum, et pincernis, civibusque passim distribuendum. Sed quoniam ob fervorem aliquid Cerevisiae exundavit diffluxitque, hic adhuc postremus labor Zythepsae incumbit, ut curet omnia vasa esse plenissima. Quare relicto uno vase, ex eo reliqua omnia replentur, operculoque obstructorio diligentissime obturantur: ac iam tandem ea ipsa vasa Cerevisiae plena aurigae cerevisiarii devehunt, distribuuntque inter cives et pincernas, ut dictum est, ad eam libere, et cum magna voluptate coronandam.

## De consideratione causarum in adiectione lupuli. Cap. IX.

Quoniam de causarum consideratione circa adiectionem lupuli, ob susceptum narrationis cursum, non potuit commode disputatio institui, quaedam seorsim hoc loco in medium afferenda esse existimavi. Lupulus est is, qui dat veluti formam Cerevisiae, et facit non modo ut sit Cerevisia, sed ut bene sit, duret, salubrisque sit bibentibus. Cum enim lupulus, cuius floribus tantummodo in hoc negotio utuntur, temperaturae sit calidae et siccae in secundo ordine, (ut amaritudo ipsius, gravisque ille odor, quem spirat, indicat) ac cremor ille polentaceus toties percoctus, lentorem et visciditatem quandam adeptus sit: ut et ipsum triticum etiam lentoris quiddam et obstruentis naturae in se continet, sitque calidum primi ordinis, in sicco

## Über den Transport des Bieres, das nun zum Trinken bereit ist
## Kapitel VIII

Sobald das Bier vollständig gegärt und geklärt ist und keine Hefen mehr zu sehen sind (was im Sommer innerhalb von drei Tagen, im Winter innerhalb von sechs Tagen geschieht), ist es bereit zum Trinken und kann an die Kellner und Bürger verteilt werden. Da jedoch aufgrund des Gärvorgangs etwas Bier überfließen und verloren gehen könnte, obliegt es dem Brauer, dafür zu sorgen, dass alle Fässer vollständig gefüllt sind. Daher wird ein Fass übrig gelassen, aus dem die anderen Fässer aufgefüllt werden, und die Deckel werden sorgfältig verschlossen. Schließlich wird das vollständig gefüllte Fass von den Bierkutschern zu den Bürgern und Kellnern gebracht und unter ihnen verteilt, wie bereits gesagt, damit man das Bier frei und mit großem Vergnügen krönen [mit einer Schaumkrone ausschenken] kann.

## Über die Betrachtung der Gründe für das Hinzufügen von Hopfen
## Kapitel IX

Da die Untersuchung der Gründe für das Hinzufügen von Hopfen im bisherigen Verlauf der Erzählung nicht angemessen behandelt werden konnte, habe ich beschlossen, einige Überlegungen dazu an dieser Stelle darzulegen. Der Hopfen ist es, der dem Bier seine eigentliche Form gibt und bewirkt, dass es nicht nur Bier wird, sondern auch gut und haltbar ist und gesund für diejenigen, die es trinken. Da der Hopfen, dessen Blüten in diesem Prozess verwendet werden, von warmer und trockener Natur im zweiten Grad ist (wie seine Bitterkeit und der starke Geruch, den er verströmt, anzeigen), und der Brei [*cremor*] der Polenta, der so oft gekocht wurde, eine gewisse Zähigkeit und Klebrigkeit erlangt hat – ebenso wie der Weizen selbst, der etwas von einer zähen und verschließenden

vero et humido temperatum, et propterea dulce, pingue et viscosum. Maltum vero seu polenta eiusdem naturae censeatur, nisi quod intensioris paulo sit qualitatis, magisque sicca.

Certe necessario consequitur, ut eadem etiam natura, ipse quoque cremor imbuatur, acquiratque partes aereas, aqueas, commixtas: ut ipsa visciditas manifeste id indicare videtur: ob quam etiam vim lubricam adeptus est. Si quis enim illum cremorem bibat, non secus ac mustum alvum lubricat et conturbat: quoniam illud quoque viscidum est, et omnia quae lubricant, viscida sunt. Quae autem ita viscida sunt, aëream substantiam cum aquea plurimum esse commixtam indicant. Talis autem natura et mistio, neque durare diutius, neque usui commoda esse posset. Facillime enim putredini et corruptioni obnoxia est: ac potissimum situm et acorem contrahit.

Calore enim et partibus aereis evaporatis, ac relictis solis terrestribus a calore non evictis, sed a frigore iam superatis, continuo cremorem acescere necesse est. Quare, ut illi defectui et naturae corruptioni obnoxiae utiliter occurri possit, prudenter profecto et erudite cogitatum est de admixtione lupuli: cuius ope utraque ea natura (puta aerea et aquea) in ipso cremore permixta arctius interveniente eiusmodi medio, veluti glutine quodam custodiretur, tenereturque, neque facile levi aliqua intemperie partes substantiae in ea mistione separentur, universumque mistum corrumperetur, aut saltem mucorem aut acorem contraheret.

Deinde ideo etiam adiicitur lupulus, ut amaritudine sua contemperaret cremorem polentaceum, ipsiusque vim flatulentam, quae est in ipsa visciditate, attenuaret: adeoque saporis conciliandi gratia, ut et succulentior salubriorque potus fieret. Postremo, ut aliquam acquireret vim abstergendi, abluendi, et penetrandi. Etsi autem ea vis in plerisque Cerevisiis admodum

Natur in sich trägt und im ersten Grad warm ist, trocken und feucht gemäßigt und daher süß, fettig und klebrig. Das Malz oder die Polenta ist von ähnlicher Natur, nur etwas intensiver und trockener.

Es folgt daher notwendigerweise, dass auch der Brei [*cremor*] dieselbe Natur besitzt und luftige und wässrige Teile enthält, die vermischt sind: was die Zähigkeit deutlich anzeigt. Wegen dieser zähen Eigenschaft wirkt er auch gleitend. Denn wenn jemand diesen Brei trinkt, schmiert dieser den Darm und verursacht Durchfall, ähnlich wie der Most, da er ebenfalls viskos ist, und alles, was gleitet, ist viskos. Dinge, die eine solche Zähigkeit besitzen, weisen darauf hin, dass eine luftige Substanz stark mit der wässrigen vermischt ist. Eine solche Natur und Mischung könnte jedoch weder lange bestehen noch nützlich sein. Sie wäre sehr anfällig für Fäulnis und Verderbnis und würde hauptsächlich Schimmel und Säuerung anziehen.

Da die Hitze und die luftigen Teile verdampfen und nur die von der Hitze nicht erfassten erdigen Teile zurückbleiben, die nun von der Kälte überwältigt werden, muss der Brei zwangsläufig sauer werden. Daher wurde klugerweise und mit viel Umsicht daran gedacht, den Hopfen beizumischen, um diesem Defekt und der Neigung zur Verderbnis der Substanz entgegenzuwirken. Durch den Hopfen wird die luftige und wässrige Natur im Brei durch ein solches Medium, das wie ein Klebstoff wirkt, festgehalten und bewahrt, so dass sich die Teile der Substanz in dieser Mischung nicht leicht trennen und das gesamte Gebräu verdirbt oder zumindest schimmeln oder sauer wird.

Zudem wird der Hopfen auch hinzugefügt, um mit seiner Bitterkeit den Brei [*cremor*] der Polenta auszugleichen und die aufblähende Kraft, die in der Viskosität liegt, zu verringern. Außerdem trägt er zur Verbesserung des Geschmacks bei und macht das Getränk schmackhafter und gesünder. Schließlich gibt er dem Bier auch eine reinigende, abführende und

exigua deprehendatur, ob paucam lupuli admixtionem, et aquae copiam, quae vires polentae et lupuli nimium obtundit: tamen nos hic non de erroribus et vitiis, quae circa confectionem Cerevisiae, sive studiose, sive ex negligentia, aut lapsu quodam accidunt, agemus, sed de vera et genuina huius potus praeparatione: quae ubi adfuerit, talem vim illi ob admixtionem lupuli inesse oportet, qualem modo diximus.

Quamobrem accessoria illa vitia, quomodocumque contracta, a nostra Cerevisia longe abesse volumus, lupulum ab ea numquam excludentes: ut quem veluti animam et entelechiam ipsius statuamus.

Fit tamen, ut audio, in Anglia Cerevisia absque adiectione lupuli, qua molliores Anglorum utuntur. Allam appellant vulgari sermone, de qua plura scribemus cap. XII.

## De causis permistionis faecum Cerevisiariarum.
## Cap. X.

Restat, ut etiam exponamus causas permistionis faecum Cerevisiariarum. Dictum est supra, affusione faecum Cerevisiam veluti plantari: quod ut rite perspiciatur, duo potissimum hic spectari solent: debita videlicet faecum seu crassamentorum mensura, et tempus, quod plurimum in hoc negotio valet; nimirum, ut tum affundantur, quando ipsa Cerevisia iustum adhuc teporem retinet, nec sit nimium calida, nec frigore veluti emortua.

Nam cum faeces (quae etiam calidae sunt; ut amaritudo indicat) fermentationis et fervoris causa adiiciantur, fermentatio

durchdringende Kraft. Obwohl diese Kraft in den meisten Bieren aufgrund der geringen Menge an Hopfen und der großen Menge an Wasser, welche die Wirkung von Polenta und Hopfen stark abschwächt, nur gering ausgeprägt ist, wollen wir hier nicht auf Fehler und Mängel eingehen, die bei der Herstellung von Bier entweder absichtlich oder aus Nachlässigkeit oder Zufall entstehen, sondern uns mit der richtigen und echten Zubereitung dieses Getränks befassen. Wo diese vorhanden ist, muss das Bier durch das Hinzufügen von Hopfen die Kraft besitzen, die wir soeben beschrieben haben.

Deshalb wollen wir die zusätzlichen Mängel, wie auch immer sie entstanden sind, weit von unserem Bier fernhalten, indem wir den Hopfen niemals auslassen: den wir als Seele und Lebenskraft des Bieres betrachten.

Es wird jedoch, wie ich höre, in England Bier ohne die Zugabe von Hopfen gebraut, das die sanfteren Engländer trinken. Im Volksmund wird es »Ale« genannt, über das wir im Kapitel XII mehr schreiben werden.

## Über die Ursachen der Beimischung von Bierhefe Kapitel X

Es bleibt noch, dass wir auch die Gründe für das Beimischen der Bierhefe erklären. Es wurde bereits gesagt, dass durch das Hinzufügen der Hefe das Bier gleichsam »gepflanzt« wird: damit dies richtig verstanden wird, gibt es hier vor allem zwei Dinge zu beachten: nämlich die angemessene Menge an Hefe oder festen Rückständen sowie den Zeitpunkt, der in diesem Prozess von großer Bedeutung ist; nämlich, dass die Hefe hinzugefügt wird, wenn das Bier noch die richtige Wärme hat und weder zu heiß noch durch Kälte erstarrt ist.

Denn da die Hefe (die auch warm ist, wie ihre Bitterkeit anzeigt) für die Fermentation und das Gären hinzugefügt wird,

illa et fervor nequaquam perfici posset, si hae vel in refrigeratam Cerevisiam, vel in ferventem, aut nimium calidam infunderentur: utpote quae utroque calore suo, actuali videlicet et potentiali, quem habet a lupulo, caliditatem faecum superaret. Sic autem fit illa ebullitio. Faeces sunt substantiae aëreae, lentae, viscidae; quia vero amarae, indicant [iudicant] inesse illis partes quasdam terreas magis adustas.

Aëream dico ad differentiam illarum, quae post completum fervorem subsidunt in fundo vasis, et terreae crassaeque sunt. Habent enim in se partes aëreas et aqueas a calido commixtas contemperatasque; ut ostendit lentor ille et visciditas. Cerevisia vero est naturae aqueae, minus lentoris in se habens. Utrisque his substantiis permixtis, quarum illae aëream, haec aqueam naturam sequuntur, faeces, quae sunt aëreae, sursum ferri nituntur: Cerevisia, quae est aquea et gravis, inferna petit; hisque diversis motibus universum Cerevisiae corpus commovetur, agitatur, fermentatur, et efferuescit; omnisque sordicies, quae illi inest, per superius vasis orificium foras eiicitur; quicquid vero est crassiorum faecum, magisque terrestrium, id ad fundum vasis depellitur; et illud est veluti substratum Cerevisiae, cui ipsa incubat; et, ne facile exhalet, tuetur.

Sic natura ipsa adminiculo caloris et halituum, qui utrique substantiae insunt, separat partes a partibus. Porro, quoniam in illa ebullitione et spirituum agitatione ampullae et spumae apparent, eaeque non modo Cerevisiae superficiem occupant; verum etiam universo illius corpori insunt, illique visciditate sua tenacius adhaerent, quandiu Cerevisia durat; unde etiam, quomodo hae gignantur, brevissime indicandum videtur.

könnten diese Fermentation und das Gären niemals vollendet werden, wenn sie entweder in abgekühltes Bier oder in zu heißes Bier eingefüllt würde; da die Hitze des Bieres, sowohl die tatsächliche als auch die potenzielle, die es durch den Hopfen besitzt, die Hitze der Hefe übertreffen würde. So entsteht das Blubbern. Die Hefe besteht aus luftigen, zähen und klebrigen Substanzen; da sie aber bitter ist, zeigt sie an, dass sie auch einige erdigere, verbrannteren Teile enthält.

Ich nenne sie »luftig«, um sie von jenen zu unterscheiden, die nach dem Gärvorgang auf den Boden des Fasses sinken und erdig und dick sind. Sie enthalten sowohl luftige als auch wässrige Teile, die durch Wärme vermischt und »temperiert« werden; dies wird durch die Zähigkeit und Klebrigkeit angezeigt. Das Bier hingegen hat eine wässrige Natur und enthält weniger Zähigkeit. Wenn sich diese beiden Substanzen vermischen, von denen die eine der luftigen und die andere der wässrigen Natur folgt, strebt die Hefe, die luftig ist, nach oben, während das Bier, das wässrig und schwer ist, nach unten sinkt. Durch diese entgegengesetzten Bewegungen wird der gesamte Körper des Bieres bewegt, gerührt, fermentiert und sprudelt auf, und der gesamte Schmutz, der sich darin befindet, wird durch die obere Öffnung des Fasses herausgeworfen; alles, was an dickeren und erdigeren Rückständen vorhanden ist, wird jedoch zum Boden des Fasses befördert und bildet eine Art Grundlage, auf der das Bier liegt, und verhindert, dass es leicht verdampft.

So trennt die Natur selbst, unterstützt durch die Wärme und die Dämpfe, die in beiden Substanzen vorhanden sind, die Teile voneinander. Da während dieser Gärung und Bewegung der Dämpfe Blasen und Schaum entstehen, die nicht nur die Oberfläche des Bieres bedecken, sondern im gesamten Körper des Bieres vorhanden sind und aufgrund ihrer Zähigkeit so lange an ihm haften, wie das Bier dauert, scheint es angebracht zu sein, kurz zu erklären, wie diese Blasen entstehen.

Gignuntur autem illae, ut Galenus auctor est, ex permistione duarum substantiarum, altera aërea, altera aquea. Ac permistionis causa est, vel utriusque substantiae, vel unius solum violentus motus, aut vehemens calor. In mari quidem, inquit Galenus, ex violento ventorum afflatu in multas et exiguas partes attrita aqua; in polentis vero prae copia caliditatis, sicut etiam in aquis, quae subditis ignibus efferuescunt agitanturque, spuma generatur. Sed continens cava spumae haec sola est, nimirum aërea substantia, quae dum aquae adiungitur, violentissimo eam agitat motu, ut eam in partes minimas confringat disrumpatque ab eaque vicissim comminuatur.

Faeces igitur, quas aëreas esse diximus, quando Cerevisiae permiscentur, in ea permistione excitatur motus quidam vehemens, qualis in mari et fluminibus a vento: deinde etiam calor internus utriusque substantiae, is efficit, ut et faeces ipsam Cerevisiam in minimas partes atterant comminuantque, et vicissim ab ea confringantur: ex qua confractione et motu violento ampullas et spumas generari necesse est. Quae quidem aliquando durant cum ipsa Cerevisia, interdum vero citissime dissipantur et evanescunt.

Cuius causa est ipsa faecum et Cerevisiae substantia. Quo enim crassior et glutinosior substantia Cerevisiae fuerit, pariter et faecum, eo etiam spuma durabilior fit: quod si tenuis fuerit, cito et facile solvitur; sicut apparet in aqua pura et tenui. Haec enim etiamsi a calore ignis bullas et spumam susceperit, tamen citissime dispereunt. Hinc fit, ut bonitatem et durabilitatem Cerevisiae nostrates homines etiam ex ipsa spumae perseverantia metiantur, ut pote, quae firmissimum signum sit caloris nativi sufficientis, in quo aër ille et spiritus, spumae productivus, continetur: ac tandem etiam ipsa Cerevisia manet

Sie entstehen, wie Galen [*In Hippocratis prognosticum commentarii* Kühn XVIII B, 177] sagt, durch die Mischung von zwei Substanzen, einer luftigen und einer wässrigen. Die Ursache der Mischung ist entweder die heftige Bewegung beider Substanzen oder die einer einzigen oder die starke Hitze. Auf dem Meer, sagt Galen, entstehen Schaum und Blasen durch die heftigen Winde, die das Wasser in viele kleine Teile schlagen; ebenso entsteht Schaum durch übermäßige Hitze in Polenta, wie auch in Wasser, das über Feuer zum Kochen gebracht und aufgewühlt wird. Doch die Blasen enthalten nur luftige Substanz, die das Wasser, wenn sie mit ihm verbunden ist, in kleinste Teile zerreißt und zerschlägt und im Gegenzug selbst von ihm zerteilt wird.

Wenn die Hefe, die wir als »luftig« bezeichnet haben, dem Bier beigemischt wird, erzeugt diese Mischung eine heftige Bewegung, ähnlich wie auf dem Meer und in Flüssen, die vom Wind aufgewühlt werden: dann bewirkt auch die innere Wärme beider Substanzen, dass die Hefe das Bier in kleinste Teile zerreibt und es im Gegenzug selbst zerschlagen wird. Aus dieser Zerschlagung und heftigen Bewegung müssen zwangsläufig Blasen und Schaum entstehen. Diese halten manchmal so lange wie das Bier selbst, manchmal verschwinden sie jedoch sehr schnell.

Der Grund dafür liegt in der Substanz der Hefe und des Bieres selbst. Denn je dicker und zäher die Substanz des Bieres ist, ebenso wie die der Hefe, desto beständiger ist der Schaum; wenn jedoch die Substanz dünn ist, löst sich der Schaum schnell und leicht auf, wie es bei reinem und dünnem Wasser der Fall ist. Wenn dieses Wasser auch durch die Hitze des Feuers Blasen und Schaum bildet, verschwinden diese dennoch sehr schnell. Daher messen unsere Leute die Qualität und Haltbarkeit des Bieres auch an der Beständigkeit des Schaums, da dies ein deutliches Zeichen für ausreichende natürliche Wärme ist, in der jene Luft und jene Dämpfe, die den Schaum erzeugen, enthalten sind: und so bleibt das Bier auch

in suo esse, expers omnis corruptionis. Sed si acciderit, quod Cerevisiae calor fuerit diminutus, et spiritus exhausti, vel exhalatione consumpti, tum Cerevisia fit subtilior, et veluti aquea substantia relinquitur; quae tandem etiam facilius corruptioni fit obnoxia.

Haec de praeparatione Cerevisiae, causarumque circa illam consideratione sufficiant. Pleniora et exactiora dabunt alii, excitati vel mea ista rudi delineatione, vel etiam erroribus in ea commissis.

De secundariae Cerevisiae praeparatione, rusticorum potu, qui ex quisquiliis polentaceis post primam Cerevisiae cocturam relictis conficitur, non est necesse, ut inaniter de ea verba profundam. Est enim eadem prorsus forma praeparationis, ut primae: neque differt ab ea, nisi quod haec dilutior sit; nec ita succulenta, ut illa.

## De Cerevisiarum differentiis. Cap. XI.

Differentiae Cerevsiarum plurimae colligi possunt; sed non est necessarium, minimas quasque persequi: quando primas et praecipuas indicaverimus, reliquae nullo negotio intelligi poterunt. Differunt igitur primum inter se materia. Nam aliae ex solo tritico, aliae ex solo hordeo, aliae ex utrisque simul certa ratione mixtis et temperatis praeparantur. Differunt item plurimum parandi ratione et coctura. Nam aliae hoc vel illo modo, brevius item aut longius tempus cocturae exposcunt; ac quae cito percoquuntur, minus durare solent: quae vero diutius, durabiliores esse consueverunt; nec tam facile, ut illae, acescunt corrumpunturque.

in seiner Form erhalten und ist frei von jeglicher Verderbnis. Wenn jedoch die Wärme des Bieres abnimmt und die Dämpfe verbraucht oder durch Verdunstung verflüchtigt sind, wird das Bier dünner und zurück bleibt eine wässrige Substanz, die dann viel anfälliger für Verderbnis ist.

Das soll über die Zubereitung des Bieres und die Betrachtung der Ursachen, die es betreffen, ausreichen. Ausführlichere und genauere Darstellungen werden andere geben, die entweder durch meine einfache Darstellung oder durch die in ihr enthaltenen Fehler dazu angeregt werden.

Über die Zubereitung des sogenannten »Zweitbiers«, das Getränk der Bauern, das aus den Polentarückständen nach dem ersten Brauvorgang hergestellt wird, ist es nicht nötig, viele Worte zu verlieren. Die Zubereitung ist im Wesentlichen die gleiche wie beim ersten Bier: es unterscheidet sich nur dadurch, dass es dünner und nicht so gehaltvoll ist.

## Über die Unterschiede der Biere
## Kapitel XI

Es gibt viele Unterschiede zwischen den Bieren, aber es ist nicht notwendig, jede kleinste zu verfolgen: sobald wir die wichtigsten und bedeutendsten angegeben haben, können die übrigen leicht verstanden werden. Die Biere unterscheiden sich also zunächst in ihrer Grundlage. Einige werden nur aus Weizen, andere nur aus Gerste und wieder andere aus einer Mischung von beiden in bestimmten Anteilen und Verhältnissen hergestellt. Sie unterscheiden sich auch erheblich in der Art der Zubereitung und des Brauens. Einige werden auf diese oder jene Weise gebraut, benötigen kürzere oder längere Kochzeiten; und diejenigen, die schnell gekocht werden, sind weniger haltbar: diejenigen, die länger kochen, sind in der Regel haltbarer und verderben nicht so leicht oder werden sauer.

Praeterea differunt conficiendi tempore; cum aliae quovis anni tempore, ut triticea nostra, diebus quibusvis per integrum annum parantur: aliae, ut hordeacea, certo et delecto tempore, nimirum hyberno, et sub veris initium: quidam, ut Opavienses, semel tantum in anno, et mense Martio suam ex hordeo conficiunt Cerevisiam, et ab eo Martianam vocant; qua incolae eius Ducatus vice medicamenti utuntur, ubi se male affectos sentiunt; et propterea medicinae non magnus apud eos usus est. Ea Cerevisia liberalius pota vere Martios efficit. Huic persimilis est Iglaviensis in Moravia, et multae aliae, quae in Regno Bohemiae conficiuntur; inter quas principem locum tenet Zacensis, masculus vocata: eo quod aliis collata vere masculescere videtur. Proximum ab hac locum sibi vendicat Raconicensis; inde Slanensis; et tertio Rokyzanensis. Postremo loco reponi possunt aliae, his similes, ubicumque illae parantur.

Sed non est silentio praetereunda illa Cerevisia hordeacea, quae olim Pragae a Collegis domus Caroli quarti, patris patriae meritiss(imi), et alicubi in monasteriis et xenodochiis veteri consuetudine parabatur, et Conventum (si non erro) a Coenobiis et Collegiis nomine tracto vocabatur: neque ita diu est, ex quo usus illius rarior esse coepit: immo iam propemodum nomen cum re periisse videtur ob annonae, lupuli, lignorum, et rerum pene omnium summam difficultatem; quae, collatione facta huius temporis ad superiora, decupli, ne quid dicam amplius, pretium excedunt. Hinc fit, ut huius quoque Cerevisiae usus propemodum interciderit: ficubi vero paratur, plurimum a pristina illa Cerevisiarum bonitate salubritateque receditur degeneraturque: ac fit, ut potius ad panificia, quam ad Cerevisiae cocturam frumentum convertant homines.

Darüber hinaus unterscheiden sie sich in der Herstellungszeit; einige werden das ganze Jahr über zu jeder Jahreszeit zubereitet, wie unser Weizenbier, das an jedem Tag des Jahres gebraut wird: andere, wie Gerstenbier, werden nur zu einer bestimmten und ausgewählten Zeit gebraut, nämlich im Winter und zu Beginn des Frühlings: einige, wie die Einwohner von Troppau [Opava], brauen ihr Gerstenbier nur einmal im Jahr, im Monat März, und nennen es daher »Märzenbier«; die Einwohner dieses Herzogtums verwenden es als Heilmittel, wenn sie sich krank fühlen, und daher wird wenig Gebrauch von Medizin gemacht. Dieses Bier, reichlich getrunken, wirkt im Frühling als Mittel zur Stärkung. Ähnlich ist das Bier aus Iglau [Jihlava] in Mähren und viele andere, die im Königreich Böhmen gebraut werden; unter diesen nimmt das Bier aus Saaz [Žatec] den ersten Platz ein und wird »männliches Bier« genannt: weil es im Vergleich zu anderen wahrhaft männlich erscheint. An zweiter Stelle folgt das Bier aus Rakonitz [Rakovník]; dann das aus Schlan [Slaný]; und an dritter Stelle das aus Rokitzan [Rokycany]. An letzter Stelle stehen andere ähnliche Biere, wo auch immer sie gebraut werden.

Das Gerstenbier, das einst in Prag [Praha] von den Brüdern des *Collegium* Karls IV., des höchst verdienten Vaters des Vaterlandes, und an einigen Orten in Klöstern und Hospitälern nach alter Tradition gebraut wurde, darf nicht unerwähnt bleiben. Es wurde *conventum* genannt, ein Name, der sich von den Klöstern und Kollegien ableitete (wenn ich mich nicht irre): und es ist noch nicht lange her, dass seine Verwendung seltener wurde: ja, es scheint, als ob der Name zusammen mit dem Bier selbst fast verschwunden ist, aufgrund der extremen Knappheit an Getreide, Hopfen, Holz und fast allen Dingen, deren Preis im Vergleich zu früheren Zeiten auf das Zehnfache oder mehr gestiegen ist. Deshalb ist auch der Gebrauch dieses Bieres fast verschwunden: wo es jedoch noch gebraut wird, weicht es stark von der früheren Qualität und dem gesundheitlichen Nutzen ab und wird so hergestellt, dass die Menschen das Getreide eher für Brot als für Bier verwenden.

Postremo, differunt Cerevisiae plurimum inter se consistentia, sapore, colore, odore, aetate, viribus seu facultatibus. Consistentia quidem, quia aliae aliis crassiores sunt, tenuiores aliae: illae diutius in corpore haerent, hae vero facile permeant. Mediocris substantiae omnia, etiam mediocria praestant. Color, qui a substantia nunquam auellendus est, is omnibus Cerevisiis est spiceus vel subspiceus, rufus aut subrufus. Sed vulgus dividit Cerevisias in albas et nigras; licet nullae vere iis tingantur coloribus. Ac albas vocant triticeas; quae colore sunt spiceo, aut subspiceo, et tenuiores: nigras, hordeaceas; quae potius rufescunt crassaeque sunt. Illos vero colores contrahunt a frumento, lupulo, atque etiam coctura, secundum quod miscentur plus vel minus, diutiusque coquuntur: ita etiam colores Cerevisiarum fiunt dilutioris, aut tinctioris coloris.

Sapor Cerevisiarum est aut dulcis, seu subdulcis, aut amarus, seu subamarus: ac triticeae omnes dulcescunt: hordeaceae vero aut sunt amarae, aut saltem amarescunt, prout plus vel minus recipiant lupuli. Nam amaror ille a lupulo contrahitur. Odorem videntur habere communem, nec ingratum, qualem fere ipsum maltum, seu polenta spirant, cum lupuli odore permixto. Aetate differunt Cerevisiae; aliae enim sunt recentes, aliae vetustae. Denique viribus et facultatibus a se invicem plurimum dissident: aliae enim inflant, oppilant, ventriculo graves sunt, colicas, nephritides, dissurias et strangurias concitant: aliae roborant, nutriunt, abstergunt, facileque permeant.

Sed de viribus et facultatibus Cerevisiarum plenius capite sequenti sermonem instituemus.

Schließlich unterscheiden sich die Biere stark in ihrer Konsistenz, im Geschmack, in der Farbe, im Geruch, im Alter und in ihren Kräften oder Eigenschaften. Die Konsistenz ist unterschiedlich, da einige Biere dicker sind als andere, während andere dünner sind: die dickeren Biere verweilen länger im Körper, die dünneren fließen schneller durch. Biere von mittlerer Substanz bieten in allen Bereichen eine moderate Wirkung. Die Farbe, die immer mit der Substanz verbunden ist, ist bei allen Bieren gelblich oder gelblich-braun, rötlich oder rötlichbraun. Doch das Volk teilt die Biere in weiße und schwarze ein, obwohl keine wirklich in diesen Farben gefärbt sind. Die »weißen« Biere sind Weizenbiere, die eine gelbliche oder leicht gelbliche Farbe und eine dünnere Konsistenz haben: die »schwarzen« Biere sind Gerstenbiere, die eher rötlich und dickflüssiger sind. Diese Farben stammen vom Getreide, dem Hopfen und auch vom Brauvorgang, je nachdem, wie viel davon verwendet und wie lange sie gekocht werden: so entstehen Biere mit blasseren oder intensiveren Farbtönen.

Der Geschmack der Biere ist entweder süß oder leicht süßlich, oder bitter oder leicht bitter: Weizenbiere sind alle süßlich; Gerstenbiere hingegen sind entweder bitter oder zumindest leicht bitter, je nachdem, wie viel Hopfen sie enthalten. Denn die Bitterkeit wird vom Hopfen übernommen. Der Geruch scheint bei allen Bieren ähnlich zu sein und ist nicht unangenehm, fast so, wie ihn Malz selbst oder Polenta ausströmen, vermischt mit dem Duft des Hopfens. Die Biere unterscheiden sich auch im Alter; einige sind frisch, andere alt. Schließlich unterscheiden sie sich stark in ihren Kräften und Eigenschaften: Einige blähen auf, verstopfen und liegen schwer im Magen, verursachen Koliken, Nierenprobleme, Dysurie (Schwierigkeiten beim Urinieren) und Strangurie (schmerzhafte Harnverhaltung); andere stärken, nähren, reinigen und durchdringen den Körper leicht.

Über die Kräfte und Eigenschaften der Biere werden wir im nächsten Kapitel ausführlicher sprechen.

## De viribus et facultatibus Cerevisiarum in genere.
## Cap. XII.

Restat, ut ex his, quae hactenus dicta sunt, vires et facultates Cerevisiae aestimemus; et an hae, quas veteres illi tribuerunt, huic nostrae conveniant, excutiamus. Veteres passim omnes noxium esse potum, et multum insalubrem prodiderunt: fortasse, quod magis fructu vitis, quam colamine Cereali delectarentur. Hos secuti recentiores, eadem pronunciarunt: ut appareat, eos antecessorum suorum sententiam maluisse amplecti, quam propria indagine rem excutere diligentius.

Quoniam nec veterum, nec recentiorum quispiam plenam et integram huius potus parandi rationem scripto prodidit. Quod cum ab ipsis praetermissum esse videamus, quacumque tandem id causa, suspecta, necesse est, ut sint omnia illa, quae de hoc potu ab ipsis prodita sunt. Sed excutiamus veterum de eo tradita, initio facto a Dioscoride; cuius haec sunt verba: Ex hordeo potus fit, cui Zytho nomen est: is urinam citat, renes et nervos tentat, membranis cerebrum vestientibus officit, inflationem patit, vitiosum succum creat, elephantiasin gignit.

Eadem fere etiam de alio potus genere, quem *Curmi* vocat, scribit: nimirum, quod dolorem capitis commoveat, malum succum gignat, nervisque noceat. Galenus vero lib. 6 de simpl. med. facult. Dioscoridem secutus eadem fere profert in haec verba: Zythus acrior est non parum hordeo, et succi pravi, utpote, qui ex putredine proveniat: est et flatuosus; tum partim acris est et calidus, parte vero plurima frigidus, aqueus, acidus.

## Über die Kräfte und Eigenschaften der Biere im Allgemeinen Kap. XII

Es bleibt noch, aus dem, was bisher gesagt wurde, die Kräfte und Eigenschaften des Bieres zu beurteilen; und ob jene, die die Alten ihm zuschrieben, auch auf unser Bier zutreffen, wollen wir untersuchen. Die Alten behaupteten überall, dass das Bier ein schädliches und sehr ungesundes Getränk sei, vielleicht weil sie mehr Gefallen an der Frucht des Weinstocks als an dem Getreidesaft fanden. Die späteren Schriftsteller, die diesen folgten, erklärten dasselbe, was darauf hinweist, dass sie die Meinung ihrer Vorgänger lieber übernommen haben, als die Sache selbst gründlicher zu untersuchen.

Da keiner der Alten noch der Neueren jemals eine vollständige und genaue Beschreibung der Zubereitung dieses Getränks hinterlassen hat, muss alles, was sie über dieses Getränk behaupteten, verdächtig sein, da sie diese Aspekte ausgelassen haben, aus welchem Grund auch immer. Aber wir wollen untersuchen, was die Alten darüber sagten, beginnend mit Dioskurides [2,109]; seine Worte lauten: »Aus Gerste wird ein Getränk hergestellt, das Zythos genannt wird: Es treibt den Urin, schädigt die Nieren und Nerven, beeinträchtigt die Hirnhäute, bläht auf, erzeugt schlechten Saft und verursacht Elephantiasis [Aussatz].«

Etwa dasselbe sagt er [Dioskurides 2,110] über ein anderes Getränk, das er *Curmi* nennt: nämlich, dass es Kopfschmerzen verursacht, schlechten Saft erzeugt und den Nerven schadet. Galen hingegen schreibt in seinem Werk *De simplicium medicamentorum temperamentis et facultatibus*, Buch 6 [Kühn XI 882], ebenfalls im Anschluss an Dioskurides, fast dasselbe in diesen Worten: »Zythos ist viel schärfer als Gerste und erzeugt schlechten Saft, da es aus Fäulnis entsteht; es ist außerdem blähend und sowohl teilweise scharf und heiß als auch größtenteils kalt, wässrig und sauer.«

Sic etiam P. Aegineta lib. 7 haec habet: Zythum, quam Cerevisiam vocant, compositam substantiam habet: nam et acris est, velut ex putredine factus, et frigidus ex acida qualitate: quare etiam mali humoris. Theophrastus his antiquior lib. 6 de caus. plant. cap. 15 dicit, Vinum ex hordeo triticove confectum, aut quod Zythum Aegyptus appellat, ex dimotione a propria natura, levique putrefactione fieri.

Iam an haec testimonia nostrae Cerevisiae recte tribui possint, alii expendant velim. Ego, siquidem scriptores illi, quos adduxi, ex putredine potum illum fieri testantur, eas vires non negaverim inesse illorum Zytho: at ut nostrae Cerevisiae attribui possint, numquam concessero. Non enim ex putrescente fruge, neque ex nuda maceratione, sed ex frumento in polentam ante praeparato, et in crassiorem farinam commolito, ac deinceps optime excocto, et lupulo temperato confecta est; ut prolixe satis a nobis expositum, firmisque rationibus communitum est; ut inde omnibus clarum et perspicuum fiat, nostram Cerevisiam a Zytho veterum toto propemodum genere diversam esse, neque ullam habere convenientiam.

Inconsiderate igitur faciunt, qui vires et facultates Zythi veterum nostrae Cerevisiae attribuunt, ac violenter attrahunt: immo ipsi veritati magnopere fiunt iniurii. Si quis aquae hordeaceae vires tribueret Cremori ptisanae in iure pulli excocto, illum certe rei Medicae ignarum diceremus. Minus recte etiam iudicare dico, quod nostram Cerevisiam, quemadmodum Zythum, ex putredine fieri existimant: quasi polentae illa praeparatio idem sit, quod putrefactio.

Quod haud scio, an concedi possit, si naturam putrefactionis exacte examinare velimus. Dixerim ego alterationem potius, aut sopitarum in grano virium excitationem. Manet enim su-

Auch Paulos von Aigina schreibt in Buch 7: »Zythos, das man Cerevisia nennt, hat eine zusammengesetzte Substanz: Es ist scharf, als wäre es aus Fäulnis entstanden, und kalt durch seine saure Eigenschaft; daher erzeugt es schlechten Saft« [1556, 278]. Theophrast, der noch älter ist, sagt im sechsten Buch *Über die Ursachen der Pflanzen*, Kapitel 15 [6,11,2], dass Wein aus Gerste oder Weizen hergestellt wird oder was in Ägypten *Zythos* genannt wird, und er entsteht durch eine leichte Abweichung von der natürlichen Beschaffenheit und durch eine milde Fäulnis.

Nun möge jeder selbst beurteilen, ob diese Aussagen auf unser Bier zutreffen. Ich jedenfalls würde nicht bestreiten, dass diese Kräfte im Zythos der Alten vorhanden sind, wenn die erwähnten Autoren behaupten, dass dieses Getränk aus Fäulnis entstanden ist: aber ich werde niemals zugeben, dass dies auf unser Bier zutrifft. Denn unser Bier wird nicht aus faulendem Getreide hergestellt, noch aus einfachem Einweichen, sondern aus Getreide, das zuerst zu Polenta verarbeitet, zu gröberem Mehl gemahlen, dann gut gekocht und mit Hopfen angemessen gewürzt wird; wie wir ausführlich dargelegt und durch schlüssige Argumente gestützt haben, sodass für alle klar und deutlich wird, dass unser Bier vom Zythos der Alten grundlegend verschieden ist und keine Ähnlichkeit mit ihm hat.

Es ist daher unklug, die Kräfte und Eigenschaften des Zythos der Alten auf unser Bier zu übertragen, und es ist eine grobe Ungerechtigkeit gegenüber der Wahrheit. Wenn jemand den Kräften von Gerstenwasser die Eigenschaften des Breis [*cremor*] der Grütze [*ptisana*] in Hühnerbrühe zuschreiben würde, würden wir ihn sicher als unwissend in der Heilkunde bezeichnen. Ebenso wenig korrekt ist die Annahme, dass unser Bier wie Zythos aus Fäulnis hergestellt wird– als ob die Zubereitung von Polenta dasselbe wäre wie Fäulnis.

Ich weiß nicht, ob man das zugeben kann, wenn man die Natur der Fäulnis genau untersucht. Ich würde es eher als eine Veränderung oder eine Erweckung der in dem Korn schlummern-

biectum, non corrumpitur. Sed esto; fuerit levis quaedam frumenti putrefactio, aut modus, seu via ad putredinem, quomodo Medici accipere consueverunt, cum dicunt febres ex humorum putredine accendi, cum nondum putredo sit, sed fiat: non tamen necessario inde sequi videtur, coctam ex eo Cerevisiam pravi succi esse.

An non ipsum granum frumenti terrae mandatum, et initio putrefactum corruptumque, alia aeque laudabilia, et praestantia producitur? Similiter, si quis polentae veteris confectionem consideraverit, an non illius etiam quaedam putrefactio esse videtur: nullus tamen veterum eam ob rem polentam pravi succi esse dicere ausus est. Quid, quod neque ptisana tantopere celebrata ab auctoribus, et multa alia vindicare se poterunt ab ea aspergine; ut quam ante usum primo quodam modo alterari vel computrescere necesse est. Sed et in confectione panis fermentatio ipsa quid aliud est, quam putrefactio quaedam? et tamen interventu eius laudatissimus panis conficitur.

Fermentantur quoque res calore solis, aut ignis, aut fimi equini; ut melior deinceps partium fieret separatio per destillationem. Item putrescunt res destillandae quaedam initio, ac demum destillantur; ut id, quod optimum intus latet, foras evocetur, partesque inutiles ab utilibus segregentur. Quare etsi Cerevisia ex putrefacto frumento conficeretur; non tamen propterea illa pravi succi esse diceremus. Tribuantur vires et facultates illae illaudatae veterum Zytho, non modernae nostrae Cerevisiae; cuius confectio longe alia est a confectione Zythi; propterea etiam vires et facultates aliae et diversae.

den Kräfte bezeichnen. Die Substanz bleibt erhalten, sie wird nicht verdorben. Aber sei es so; vielleicht ist es eine leichte Fäulnis des Getreides oder ein Weg zur Fäulnis, wie es die Ärzte oft verstehen, wenn sie sagen, dass Fieber durch die Fäulnis der Körpersäfte entsteht, auch wenn die Fäulnis noch nicht vollständig eingetreten ist, sondern erst entsteht: Es scheint jedoch nicht notwendig, daraus zu schließen, dass das daraus gebraute Bier schlechten Saft erzeugt.

Wird nicht das in die Erde gelegte Getreide, das zunächst verfault und verdirbt, zu anderen ebenso lobenswerten und nützlichen Dingen heranwachsen? Ebenso, wenn man die Zubereitung der alten Polenta bedenkt: sieht sie nicht auch nach einer Art Fäulnis aus? Doch keiner der Alten wagte zu behaupten, dass die Polenta deshalb schlechten Saft erzeugt. Was ist mit der berühmten Grütze [*ptisana*], die von den Autoren so gelobt wird, und vielen anderen Dingen, die von dieser Bezeichnung frei sind, obwohl sie vor ihrer Verwendung auf die eine oder andere Weise verändert oder leicht verfault sein müssen? Auch bei der Brotbereitung, was ist Gärung anderes als eine Art Fäulnis? Und dennoch wird dadurch das beste Brot hergestellt.

Es werden auch (andere) Dinge durch die Wärme der Sonne, des Feuers oder des Pferdemists vergoren, damit anschließend bei der Destillation eine bessere Trennung der Bestandteile erfolgt. Ebenso verfaulen manche zu destillierenden Substanzen zunächst und werden erst dann destilliert, damit das, was im Inneren das Beste ist, herausgezogen wird und die unnützen von den nützlichen Bestandteilen getrennt werden. Selbst wenn das Bier also aus verfaultem Getreide hergestellt würde, könnte man dennoch nicht sagen, dass es schlechten Saft hervorbringt. Die schlechten Eigenschaften, die die Alten dem Zythos zuschrieben, sollten nicht auf unser heutiges Bier übertragen werden, dessen Herstellung sich völlig von der des Zythos unterscheidet; daher sind auch die Kräfte und Eigenschaften unterschiedlich.

Sed ut expeditius de viribus et facultatibus illius iudicare queamus, initio temperamentum Cerevisiae excutiamus, semper et ubique ad duo illa principia, a quibus demonstratio omnis ac fides rerum peti consuevit, respicientes, hoc est, sensum et experientiam, et evidentem notionem. Etsi enim Hipp(ocrates) in volumine populariter grassantium morborum scripserit: escas potusque experientia examinari oportere: tamen Galenus in expendendis naturis ubique rationis iustam trutinam adhiberi vult. Hinc est, quod in lib. 1 de aliment. facult. scripserit, eam cognitionem longo tempore, cum ex certa definitaque experientia, tum ex odorum saporumque naturis, quae examinatis rebus insunt: ad haec consistentia, quam et glutinosam et laxam aut densam, et levem aut gravem esse contingit, vix demum rite percipi ac consummari.

Iudicaturi igitur de viribus et facultatibus Cerevisiae, an nutriat, purget, discutiat, abstergat, provocet urinam; quae omnia a primis qualitatibus proveniunt, puta caliditate, frigiditate, humiditate et siccitate: de illis primo, quaenam illarum nostrae Cerevisiae insint, dicendum est. Ad hoc vero pronunciandum solum gustum tanquam summum ea in re magistrum accersemus, ipsumque ducem sequemur: ut qui non modo temperamentum, sed et reliquas vires, quas vocant secundas et tertias, nobis patefaciat.

Dulcedo igitur illa, (loquimur nunc de triticeis cerevisiis, quas albas vocant) qualis in ipsa cerevisia sentitur, non est mellea, sed obscurior obtusiorque multo ob multum humidum aqueum admixtum. Deinde lentor et visciditas indicat moderatum calorem illi inesse. Praeterea, quoniam cerevisia res est mixta ex tribus substantiis, sequetur ipsa quoque qualitates et naturam earum rerum, quae in commixtionem veniunt. Est au-

Um besser über die Kräfte und Eigenschaften des Bieres urteilen zu können, müssen wir zunächst das »Temperament« des Bieres untersuchen, und dabei stets auf die beiden Prinzipien achten, von denen jede Beweisführung und jeder Glaube an Dinge abhängt: den Sinn und die Erfahrung, sowie die offensichtliche Erkenntnis. Denn obwohl Hippokrates in seinem Werk über im Volk verbreitete Krankheiten [*Epidemien* 2,2] schrieb, dass Nahrung und Getränke durch Erfahrung geprüft werden sollten, verlangt Galen bei der Untersuchung der Naturen immer eine gerechte Abwägung durch die Vernunft. Deshalb schrieb er im ersten Buch von *De alimentorum facultatibus* [1,1 Kühn VI 453–455], dass diese Erkenntnis nur über lange Zeit durch sowohl eine genaue und bestimmte Erfahrung als auch durch die Untersuchung des Geruchs und Geschmacks der Dinge, die in den zu untersuchenden Substanzen vorhanden sind, sowie durch deren Konsistenz, die zähflüssig, locker oder dicht, leicht oder schwer sein kann, richtig erfasst und vervollständigt werden kann.

Wenn wir also über die Kräfte und Eigenschaften des Bieres urteilen wollen, ob es nährt, reinigt, zerstreut, säubert oder den Urin anregt – alles Dinge, die auf die Grundqualitäten wie Wärme, Kälte, Feuchtigkeit und Trockenheit zurückzuführen sind – müssen wir zunächst feststellen, welche dieser Qualitäten in unserem Bier vorhanden sind. Um dies zu beurteilen, berufen wir uns einzig auf den Geschmack als obersten Lehrer in dieser Angelegenheit und folgen ihm als Führer: denn er offenbart uns nicht nur die Beschaffenheit, sondern auch die sogenannten sekundären und tertiären Kräfte.

Die Süße also (wir sprechen nun von Weizenbieren, die als »weiß« bezeichnet werden), wie man sie im Bier wahrnimmt, ist nicht honigartig, sondern viel schwächer und dumpfer aufgrund des stark wässrigen Gehalts. Außerdem zeigt die Zähigkeit und Viskosität an, dass eine mäßige Wärme darin vorhanden ist. Da das Bier außerdem aus drei Substanzen besteht, wird es auch die Eigenschaften und die Natur der Bestandteile

tem materia cerevisiae aqua, frumentum, seu polenta, et lupi salictarii flores. Singulorum differentias non explicabo, quoniam suis locis explicata sunt. Ac, quod ad aquae delectum, alia est tenuior, mollior, durior, crassior: unde etiam alias tenuiorem magisque penetrantem, alias pleniorem, crassiorem, glutinosioremque cerevisiam gignit.

Illud in confesso est, et ab omnibus comprobatum, aquae simplicis naturam esse frigidam et humidam: hic tamen propter decoctionem attenuata magis, leviorque fit, adeoque minus frigida; ut quae igneam quandam in se vim conceperit; imo neque pristinam suavitatem retinet, et ignis vi immutata a sua natura degeneravit. Polenta seu maltum triticeum etiam calefacit amplius supra naturalem temperiem tritici ob tostionem; et resiccabit moderate. Sed hordeaceum maltum triticeo minus calidum est; cum alioqui ipsum hordeum sit frigidum et siccum, ac ob tostionem paululum quiddam caloris seu empyreumatis acquirat: ac siccitas in ipso auctior erit; et ideo etiam maiori detersoria vi praeditum. Lupuli flores sunt calidi et sicci in secundo ordine, et vim habent aperiendi, detergendi, urinas movendi; etiam caput tentant.

Hae sunt qualitates et naturae trium substantiarum, quibus cerevisia pro varia illarum permistione, et parandi ratione imbuitur. Addo etiam permistionem faecum; quarum naturam aëream supra esse diximus. Quare hinc iam facile elucescit, omnes cerevisias in genere esse calidas, et humidas. Sed si ad invicem comparentur, pleraeque ab hoc gradu vel deficere, vel eundem superare possunt: ac in passiuis qualitatibus etiam magis siccare quam humectare; quemadmodum etiam de natura vinorum iudicare solemus. Nam in earundem praeparatione,

annehmen, die in die Mischung einfließen. Die Bestandteile des Bieres sind Wasser, Getreide bzw. Polenta und die Blüten des wilden Hopfens. Die Unterschiede dieser einzelnen Bestandteile werde ich nicht erklären, da sie bereits an anderen Stellen erläutert wurden. Was die Auswahl des Wassers betrifft, so ist dieses mal dünner, weicher, härter oder dicker, was dazu führt, dass manchmal ein dünneres und durchdringenderes, manchmal ein volleres, dickeres und viskosereres Bier entsteht.

Es ist allgemein anerkannt, dass die Natur von reinem Wasser kalt und feucht ist: hier jedoch wird es durch das Kochen dünner und leichter und daher weniger kalt, da es eine gewisse feurige Kraft in sich aufgenommen hat; es behält nicht einmal mehr seinen ursprünglichen Geschmack und wurde durch die Hitze des Feuers von seiner Natur entfremdet. Die Weizenpolenta bzw. das Weizenmalz erhitzt sich durch das Rösten über die natürliche »Temperatur« des Weizens hinaus und trocknet mäßig. Gerstenmalz ist weniger heiß als Weizenmalz, da Gerste von Natur aus kalt und trocken ist und durch das Rösten etwas Wärme oder ein leicht angebranntes Aroma aufnimmt; die Trockenheit wird darin verstärkt und verleiht ihm daher auch eine größere reinigende Kraft. Die Hopfenblüten sind im zweiten Grad warm und trocken und haben die Kraft zu öffnen, zu reinigen, den Urin zu fördern und den Kopf zu beeinträchtigen.

Das sind die Eigenschaften und Naturen der drei Substanzen, mit denen das Bier je nach ihrer Mischung und der Art der Zubereitung imprägniert wird. Ich füge auch die Beimischung der Hefen hinzu, deren luftige Natur wir bereits erwähnt haben. Daher wird jetzt leicht deutlich, dass alle Biere im Allgemeinen warm und feucht sind. Aber wenn sie miteinander verglichen werden, können viele von diesem Grad abweichen oder ihn übertreffen: und in den passiven Eigenschaften können sie sogar eher trocknen als befeuchten; genauso, wie wir die Natur der Weine beurteilen. Denn bei der Zubereitung

neque maltiud, aquam, itemque lupuli, ut supra meminimus, eadem ubique ratio servatur; neque idem cocturae modus.

Unde fit, ut cerevisiae, quae plus malti, minus lupuli admiserunt, dulciores fiant aliis: quibus autem plus lupuli adiicitur, amariores fiant, caputque magis tentent. Ex tritico passim omnes in universum dulcescunt, et albescunt: ex hordeo amarescunt, crassioresque fiunt. Postremo hinc etiam liquet, cerevisiam nostram eiusmodi esse temperamenti, quale iam diximus: quoniam bibita nec refrigerat, nec sitim sedat, ac foris admota mirifice dolores lenit, inflammationes mitigat, et ad lassitudines etiam mire conducit, si ea calida foveantur partes.

Constat autem ea omnia, quae hisce facultatibus praedita sunt, αἰώδυνα, παρηγορικά et λυσίπονα vocari; esseque primo vel secundo ordine calida, tenuisque substantiae, denique ita temperata, ut familiaritate elementorum corpori nostro consentiant. Nam quia dolorem sedant, causam illius aequabilem reddunt; temperiem demulcent, corporis substantiam fovent: ea omnia moderato calore suo ut praestent, necesse est: qualia sunt malva, althea, chamomilla, mellilotus, semen lini, etc: quibus iure nostra cerevisia alba adnumerari potest.

Earum, quae meraciores sunt, calidiores censentur, sanguinem viscidiorem, levem et pinguioremque gignunt; sunt boni succi, et multum nutriunt: praesertim quando ex optimis frugibus parantur beneque decoquuntur. Illa vero facultas nutriendi solo tritico proficiscitur. Ac quod nutriant, huius evidens signum apparet in utriusque sexus hominibus. Plurimi enim ex assiduo cerevisiae, praesertim meracioris, usu, cuiusmodi est ex triticis Reginohradensis in Bohemia, antea emaciati impin-

der Biere wird nicht überall dieselbe Menge Malz, Wasser und Hopfen verwendet, wie wir bereits erwähnt haben, noch wird dieselbe Methode des Brauens angewendet.

Daher kommt es, dass Biere, die mehr Malz und weniger Hopfen enthalten, süßer sind als andere: und diejenigen, die mehr Hopfen enthalten, sind bitterer und beeinflussen den Kopf stärker. Biere aus Weizen sind fast alle süß und hell; aus Gerste gebraute Biere sind bitterer und dickflüssiger. Schließlich ergibt sich daraus auch, dass unser Bier von einer solchen Beschaffenheit ist, wie wir es bereits beschrieben haben: da es, wenn es getrunken wird, weder abkühlt noch den Durst stillt, aber äußerlich angewendet wunderbar Schmerzen lindert, Entzündungen beruhigt und auch gegen Ermüdung erstaunlich wirksam ist, wenn die betroffenen Körperteile damit warm behandelt werden.

Es ist jedoch bekannt, dass alles, was diese Fähigkeiten besitzt, *aiodyna*, *paregorika* und *lysipona* genannt wird und im ersten oder zweiten Grad warm ist, eine leichte Substanz hat und schließlich so »temperiert« ist, dass es den Elementen unseres Körpers in ihrer Beschaffenheit ähnlich ist. Denn da es Schmerzen lindert, bringt es die Ursache derselben ins Gleichgewicht, beruhigt die »Temperatur« und unterstützt die Körpersubstanz: all dies muss durch seine mäßige Wärme bewirkt werden, wie es bei Malve, Eibisch, Kamille, Honigklee, Leinsamen usw. der Fall ist, zu denen unser weißes Bier mit Recht gezählt werden kann.

Die Biere, die reiner sind, gelten als wärmer, erzeugen dickeres, leichteres und fetteres Blut, sind von guter Qualität und nähren reichlich, besonders wenn sie aus gutem Getreide hergestellt und gut gekocht werden. Diese Nährkraft stammt allein vom Weizen. Ein offensichtliches Zeichen dafür, dass sie nähren, ist bei Männern und Frauen zu sehen. Viele, die regelmäßig stärkere Biere trinken, wie das Weizenbier aus Königgrätz [Hradec Králové] in Böhmen, das besonders nährend

guantur. Hanc inter omnes triticeas vere reginam dixeris. Est enim ea bonitate praedita, qua hactenus aemulari satagentibus multis nulli est datum: cum saepe ex eadem urbe et polentam, et aquam, et ipsos zythepsos evocaverint. In feminis nutricibus evidentius ea facultas nutriendi perspicitur: quod copiosissime celeriterque illis lac suppeditent. Constat autem, quae lac proritant, ea calida et humida censeri: sicuti, quae idem extinguunt, calida et sicca: et quae generationem illius prohibent, refrigerantia et desiccantia statuuntur. Hordeaceae, praesertim meraciores illae (quales sunt in Bohemia Raconicensis, Zacensis, Slanensis, item Svidnicensis e Silesia) in hac facultate triticeas superare videntur: ut quae multo celerius id praestent; et propterea a nutricibus mirifice expetuntur. Hae enim, ubi illis defuerit lac in mamillis, facto haustu illius cerevisiae, et pauculo somno capto, subito illarum lagenulae, lactis conceptacula, lacte turgescunt: praeter hanc facultatem etiam urinam et menses provocant.

Mirari vero merito quis posset, unde hordeaceis cerevisiis tam prompta nutriendi facultas, triticeis non item: cum tamen triticum nutriendi facultate superet ipsum hordeum, ac illud statuatur calefacere, hoc refrigerare. Unde etiam triticeas magis debuisse pollere calefaciendi vi, hordeaceas vero refrigerare. At huius nos contrarium videmus in omnibus fere hordeaceis cerevisiis, ut quae multo citius inebrient triticeis. Verum desinet, existimo, mirari, si ad utriusque cerevisiae praeparationis rationem oculos et mentem converterit, consideraveritque, etiam in hordeo esse aliquem succum alimentarium; qui partium solidarum substantiam implere, alere et augere possit. Quod vero idipsum minus sentiatur in triticea cerevisia, ideo accidit, quod nimis diluta conficiatur: si meracior fieret, recteque excoqueretur, nullum esset dubium, quin abundantius nutriret: quemadmodum idipsum luculenter videre licet in Regi-

ist, nehmen merklich an Gewicht zu. Dieses Bier könnte man unter allen Weizenbieren zu Recht die Königin nennen. Es ist so von hoher Qualität, dass es vielen, die versucht haben, es zu übertreffen, nicht gelungen ist: obwohl sie oft aus derselben Stadt das Malz, das Wasser und die Brauer gerufen haben. Bei stillenden Frauen zeigt sich diese Nährkraft noch deutlicher, da es ihnen reichlich und schnell Milch zuführt. Es ist bekannt, dass das, was Milch hervorbringt, als warm und feucht gilt: ebenso wie das, was die Milchproduktion verhindert, als warm und trocken gilt; und das, was die Milchproduktion hemmt, wird als kühlend und austrocknend angesehen. Gerstenbiere, besonders die stärkeren (wie die Biere aus Rakonitz [Rakovník], Saaz [Žatec], Schlan [Slaný] und Schweidnitz [Świdnica] in Schlesien), scheinen in dieser Eigenschaft das Weizenbier zu übertreffen, da sie dies viel schneller bewirken; und deshalb werden sie von stillenden Frauen sehr geschätzt. Wenn diesen Frauen die Milch in den Brüsten fehlt, schwellen ihre Brustdrüsen nach dem Trinken eines Bechers dieses Bieres und nach kurzem Schlaf sofort wieder an und füllen sich mit Milch: außerdem fördern diese Biere das Wasserlassen und die Menstruation.

Man könnte sich zu Recht fragen, warum Gerstenbiere diese schnelle Nährkraft haben, Weizenbiere jedoch nicht: obwohl Weizen doch die bessere Nährkraft besitzt als Gerste und bekannt ist, dass Weizen wärmt, während Gerste kühlt. Daher hätte man erwartet, dass Weizenbiere eine stärkere Wärmewirkung haben und Gerstenbiere kühlen. Aber wir sehen in fast allen Gerstenbieren das Gegenteil, nämlich dass sie viel schneller berauschen als Weizenbiere. Diese Verwunderung wird jedoch nachlassen, wenn man die Zubereitung der beiden Biersorten betrachtet und erkennt, dass auch in Gerste eine gewisse nährende Substanz enthalten ist, die die festen Teile des Körpers auffüllen, nähren und vergrößern kann. Dass dies bei Weizenbieren weniger spürbar ist, liegt daran, dass sie zu dünn gebraut werden: wenn sie stärker und richtig gekocht würden, gäbe es keinen Zweifel, dass sie reichlicher nähren

nohradensi cerevisia, et quae huic persimiles sunt. Sunt etiam hordeaceae dulces cerevisiae; quales in urbe Praga fiunt; hae ob nimiam, et fatuam quandam dulcedinem, eamque crassam et viscidam, non possunt in eo bonitatis gradu cum aliis iam memoratis consistere. Nam quamvis illae quoque nutriant; tamen crassum succum gignunt, obstructiones viscerum pariunt, graves sunt ventriculo, pectori; sunt suffocativae, calculorum generativae, et admodum corporibus infestae, non secus ac crudae cerevisiae, hoc est, non bene percoctae, aut quae aliquod in praeparatione vitium acceperunt; ut quae obstructiones pariunt, flatus generant in ventre et praecordiis, ibique haerent, et aegre transeunt, non aperiunt, non abstergunt, neque ullam evacuationem promovent: sed neque sitim sedant: unde colicae, calculi et arenulae pullulant.

Eadem incommoda et vitia concitat etiam recens cerevisia, et non bene defecata, non secus ac mustum. Nam ventrem distendit, conturbat, dolores intestinorum, calculum, nephritim, dysuriam stranguriamque gignit. Et sicut mustium, antequam defervescit, est frigidum: (quod ostendit crassities humorum, flatus, obstructiones; et quod corpus post usum illius non excalfaciat) ita etiam de cerevisia recenti et non defecata censendum est. Hic obiter notandum, quod etiam, quae frigida sunt, dulcia sunt: sicut etiam sunt cucumerum genera; quae melones vulgo vocantur. Porro cerevisia, quae iam acorem concepit, corruptaque est, admodum noxia est nervis, renibus et ventriculo; denique vitiosum succum gignit. Acescunt autem cerevisiae vel vetustate, vel insufficienti coctura, vel pauca lupuli admixtione. Corrumpuntur etiam facillime et acorem contrahunt aestivis diebus, nisi hae in profundissimis et frigidissimis cellariis asserventur. Nam ab aëre calido ambiente resoluto nativo calore cerevisiae facile acescunt. Illud vero mirabile videtur, et non nisi fortasse ad aliquam naturam referendum, quod rosarum fragrantem odorem aversetur triticea cerevisia. Hae enim

würden: wie man dies deutlich im Bier aus Königgrätz [Hradec Králové] und ähnlichen Bieren sehen kann. Es gibt auch süße Gerstenbiere, wie sie in der Stadt Prag [Praha] hergestellt werden; aber wegen ihrer übermäßigen und etwas dumpfen Süße, die dickflüssig und viskos ist, können sie nicht den gleichen Qualitätsgrad wie die zuvor genannten Biere erreichen. Obwohl sie auch nähren, erzeugen sie dennoch dicken Saft, verursachen Verstopfungen der Eingeweide, sind schwer für Magen und Brust, ersticken und begünstigen die Bildung von Steinen, und sind für den Körper sehr schädlich, ähnlich wie rohes Bier, das nicht gut gekocht ist oder bei dessen Zubereitung ein Fehler gemacht wurde; denn solches Bier verursacht Verstopfungen, erzeugt Blähungen im Bauch und in der Brust, bleibt dort hängen und passiert nur schwer, öffnet nicht, reinigt nicht und fördert keine Ausscheidung: und es stillt auch nicht den Durst. Aus diesem Grund entstehen Koliken, Steine und Sand.

Dieselben Beschwerden und Fehler verursacht auch frisches Bier, das nicht gut geklärt ist, ebenso wie der Most. Denn es bläht den Bauch auf, stört und verursacht Darmbeschwerden, Nierensteine, Dysurie und schmerzhafte Harnverhaltung. Und wie Most, bevor er abgeklärt ist, kalt ist (was durch die Dicke der Flüssigkeit, Blähungen und Verstopfungen gezeigt wird, und dadurch, dass er den Körper nach dem Trinken nicht erwärmt), so muss man auch über frisches und nicht geklärtes Bier urteilen. Hier ist beiläufig zu bemerken, dass auch kalte Getränke süß sind, ebenso wie einige Arten von Gurken, die allgemein Melonen genannt werden. Außerdem ist Bier, das sauer geworden und verdorben ist, sehr schädlich für die Nerven, Nieren und den Magen; es erzeugt schließlich schlechten Saft. Biere werden entweder durch Alter, unzureichendes Kochen oder zu wenig Hopfen bitter. Sie verderben und werden in den Sommermonaten leicht sauer, es sei denn, sie werden in tiefen und sehr kühlen Kellern aufbewahrt. Denn durch die von der heißen umgebenden Luft verdünnte natürliche Wärme des Bieres werden sie leicht sauer. Ein erstaunliches Phäno-

in cellarium repositae, aut si saltem pincerna coronata serto rosaceo illud fuerit ingressa, ilico pervertuntur et acescunt.

Tenuiores cerevisiae tanto citius digeruntur, minusque nutrimenti adferunt: et si amarescunt, minus nutriunt, sed abstergendi facultate pollent ob amaritudinem et tenuitatem substantiae: abluunt ob aquae copiam; et lubricant ob viscIditatem; et maxime per vias urinae transeunt. Quoniam autem Angli quoque cerevisia suo modo parata utuntur, quid de ea censuerit Brudus Lusitanus, vir doctus, placuit huic loco subnectere. Is igitur in libello *De ratione victus in febribus* ad Anglos in haec verba scriptum reliquit: »Potus, quo communiter Angli utuntur, multiplex est; nempe vehemens, medius et imbecillior. Discrimen inter hos penes vehementiam et imbecillitatem, calfactionem et refrigerationem, et penes substantiae crassitiem et tenuitatem habetur. Apud Anglos triplex semper paratur potus; nempe aquosus, quem simpliciter cerevisiam dicunt; medius, quem trihapenninam; potens, quem duplam cerevisiam nuncupant. Simplex eosdem effectus praestat, quos vinum aquosum: aperit siquidem, refrigerat et distributionem adiuvat. Nec decipiatur aliquis credens, ob eius amaritudinem calfacere: partes enim, quae cerevisiam amaram reddunt, paucae admodum sunt, si ad reliquas conferas, quae in ipsa refrigerant. Quod colligere ex ratione lupulorum poteris ad aquae et hordei portiones. Cito praeterea amaritudo a cerevisia evanescit: reliquarum vero partium facultas tamdiu permanet, donec in aliam transmutetur substantiam. Potens cerevisia, quam duplicem dicunt, potenter calefacit; et aliquid habet vehementiae, ut potens vinum. Trihapennina, mediae naturae est; manifeste calefacit, in nullo tamen vehemens est.«

men scheint zu sein, das vielleicht auf eine besondere Natur zurückzuführen ist, dass Weizenbier den Duft von Rosen verabscheut. Wenn Rosen in den Keller gebracht werden oder auch nur der Kellner mit einem Rosenkranz gekrönt hereinkommt, wird das Bier sofort verderben und sauer werden.

Leichtere Biere werden umso schneller verdaut und liefern weniger Nährstoffe: Wenn sie bitter werden, nähren sie weniger, haben aber aufgrund ihrer Bitterkeit und der Feinheit der Substanz eine starke reinigende Wirkung; sie spülen aufgrund des Wassergehalts, und schmieren aufgrund ihrer Viskosität; und sie durchdringen vor allem die Harnwege. Da auch die Engländer auf ihre eigene Weise Bier verwenden, sei hier angefügt, was der gelehrte Brudus Lusitanus über dieses Bier urteilte. Er schrieb in einem kleinen Buch *Über die Diät bei Fieber* [1544, 79v–80r] an die Engländer folgende Worte: »Das Getränk, das die Engländer gewöhnlich verwenden, ist vielfältig: nämlich stark, mittel und schwach. Der Unterschied zwischen ihnen liegt in der Stärke oder Schwäche, der Erwärmung oder Abkühlung sowie in der Dicke oder Feinheit der Substanz. Die Engländer bereiten immer drei Arten von Getränken zu: nämlich das wässrige, das sie einfach Bier nennen; das mittlere, das sie *trihapennin* [three halfpenny?] nennen; und das starke, das sie Doppeltes nennen. Das einfache hat dieselben Wirkungen wie verdünnter Wein: Es öffnet, kühlt und fördert die Verteilung. Niemand sollte jedoch glauben, dass es wegen seiner Bitterkeit erwärmt: Die Teile, die das Bier bitter machen, sind sehr gering, wenn man sie mit den übrigen vergleicht, die darin kühlen. Das kann man aus dem Verhältnis von Hopfen zu Wasser und Gerste schließen. Außerdem verschwindet die Bitterkeit des Bieres schnell: aber die Kraft der übrigen Teile bleibt bestehen, bis sie in eine andere Substanz umgewandelt wird. Das starke Bier, das man doppelt nennt, erwärmt stark; und hat etwas von der Stärke eines kräftigen Weines. Das *trihapennin*, mittlerer Art, erwärmt deutlich, jedoch ohne große Stärke.«

Meminit adhuc Brudus eodem loco alterius cerevisiae, qua molliores Anglorum uti consueverunt: allam vocari dicit vulgari sermone. Mihi relatum est, hanc plane carere lupulo: quare etiam minus laudata esse potest. Acille idem Brudus dicit, eam esse ultra modum inflativam; nullam ex ea febricitantes utilitatem capere: neque enim refrigerare, neque aperire, neque ullam promovere evacuationem, neque sitim sedare posse. Corruptioni praeterea aptissimum esse potum, ac vicinos ad similem affectum disponere chymos. Eius insuper substantiam nimis promptam esse, ut in flatuosos solvatur halitus. Qua de causa capiti et nervis incommodum esse. Materiam insuper obstructionum esse: unde iecuri et lieni inimicum esse. In summa nemini amicam illam cerevisiam esse, nisi Veneri. Ab his tamen, qui eo potu usi sunt in bona valetudine, dimittendum per aegritudinem non esse, suadet idem Brudus.

Porro omnes cerevisiae largius potatae caput crassis halitibus replent: sed non omnibus aequali, ut ita dicam, lance. Nam hic etiam, ut alias semper, aetatis, naturae, temporis, loci seu regionis, et vitae rationis consuetudinisque habenda est ratio: atque hic quoque ad praesentem speculationem summum videtur necessarium hominum et poculentorum temperamenta considerare. Nam ut paucula solum commemorem, ipsa etiam experientia doctrice. Qui imbecillo sunt ventriculo, his bibitio cerevisiae plus nocet aliis. Nam illum aggravat, phlegmata et salicismum concitat, flatibus distendit; et si venter deiectioni non est accommodus, haeret in praecordiis, nec ad expulsionem quicquam confert: rursus quibus venter est facilis, et ventriculus validus, hi nihil eorum incommodorum persentiscunt.

Brudus erwähnt an derselben Stelle [1544, 96v] noch ein anderes Bier, das die sanfteren Engländer zu trinken pflegen: Es wird im Volksmund »Ale« genannt. Man hat mir berichtet, dass es gänzlich ohne Hopfen ist: deshalb kann es auch weniger gelobt werden. Brudus sagt auch, dass es äußerst blähend sei; Fieberkranke würden keinen Nutzen daraus ziehen: es könne weder kühlen, noch öffnen, noch irgendeine Ausscheidung fördern, noch den Durst stillen. Es sei zudem ein Getränk, das sehr anfällig für Verderb sei, und benachbarte Körpersäfte zu einem ähnlichen Zustand führe. Seine Substanz sei außerdem sehr geneigt, sich in blähende Gase aufzulösen. Aus diesem Grund sei es schädlich für Kopf und Nerven. Zudem fördere es Verstopfungen: daher sei es dem Leber- und Milzbereich abträglich. Zusammenfassend sei dieses Bier für niemanden nützlich, außer für Venus (sexuelle Freuden). Brudus empfiehlt jedoch, dass es von denen, die es in guter Gesundheit getrunken haben, nicht während einer Krankheit weggelassen werden sollte.

Außerdem füllen alle Biere, wenn sie in großen Mengen getrunken werden, den Kopf mit dicken Dämpfen: aber nicht alle in gleichem Maße, wie man sagen könnte. Denn auch hier muss man, wie immer, das Alter, die Natur, die Jahreszeit, den Ort oder die Region und die Lebensweise sowie die Gewohnheit berücksichtigen: und es scheint auch hier für die gegenwärtige Betrachtung sehr notwendig, die »Temperamente« der Menschen und der Getränke zu beachten. Um nur ein paar Punkte zu erwähnen: Selbst die Erfahrung lehrt uns. Denjenigen mit schwachem Magen schadet das Biertrinken mehr als anderen. Denn es belastet den Magen, ruft Schleim und salzige Flüssigkeiten hervor, bläht den Bauch auf; und wenn der Magen nicht zur Ausscheidung geeignet ist, bleibt es in der Brust stecken und trägt nichts zur Ausscheidung bei: während diejenigen, die einen leichten Magen und einen starken Magen haben, keine dieser Beschwerden verspüren.

Ac, ut summatim dicam, naturis validis et robustis (quales sunt incolae fere a parallelo XVII usque ad ipsum septentrionem) commodior, utilior, et salubrior est, quam mollibus illis et nimium delicatis, qui etiam ad levem aurae afflatum subito immutantur. Rite itaque paratus hic potus est saluberrimus, optimique alimenti; spiritum nostrum roborat et excitat, animumque exhilarat et confirmat, non incommodat nervis, non apoplexiam, non paraplexiam, et quae Graece κάρος et κώματα vocamus; non nervorum resolutiones, non comitiales, et convulsiones ac tetanos, non arthritim, quae omnia potum vini comitantur, concitat. Hinc fit, ut paucos admodum, quibus hic potus est familiatis, his morbis obnoxios esse videas. Videmus omnes eas nationes, quae hoc potu utuntur, ut sunt Angli, Sueci, Dani, Saxones, Germaniae multo maxima pars, Bohemia, Silesia, Polonia, totaque Sarmatia, non minus esse vitales et animosos, quam alios, qui vino et melle utuntur. Sunt etiam pulcherrimi, saluberrimi, robustissimi: et, ut summatim dicam, omnibus aetatibus et sexui potus est utilissimus; quod vino minime convenit.

Quid eum Plato in de legibus et Galenus lib. 1 de tuenda valetudine de vini usu et natura scripserint, notissimum est: quando pueris usum vini prohibet ad usque duodevigesimum annum. Si illis ratio parandae nostrae cerevisiae constitisset, nullum est dubium, quod eam pueris et iuvenili aetati concessissent, et omni alii aquae coctae prae tulissent. Romani etiam, apud quos feminis capitale erat vinum bibere, lege sanxissent sine dubio, ut illorum feminae cerevisiam biberent.

Zusammenfassend lässt sich sagen, dass dieser Trunk für starke und robuste Naturen (wie die Bewohner etwa von der 17. Parallele [49° nördl. Breite] bis in den Norden selbst) geeigneter, nützlicher und gesünder ist als für die schwachen und zu zarten Menschen, die sich schon bei einem leichten Luftzug verändern. Dieses Getränk, wenn es richtig zubereitet wird, ist äußerst gesund und von bester Nährkraft; es stärkt und erfrischt unseren Geist, erhebt und belebt den Verstand, ohne die Nerven zu schädigen, ohne Apoplexie, Lähmung und die Zustände, die wir auf Griechisch *karos* und *komata* nennen; es verursacht keine Lähmung der Nerven, keine Fallsucht, keine Krämpfe oder Wundstarrkrämpfe, keine Gicht – alles Beschwerden, die den Weingenuss begleiten. Deshalb sieht man sehr wenige Menschen, die mit diesem Getränk vertraut sind, die an diesen Krankheiten leiden. Wir sehen, dass alle Völker, die diesen Trunk verwenden, wie die Engländer, Schweden, Dänen, Sachsen, der größte Teil Deutschlands, Böhmen, Schlesien, Polen und ganz Sarmatien, nicht weniger vital und mutig sind als andere, die Wein und Honig verwenden. Sie sind auch schöner, gesünder und robuster: und zusammenfassend gesagt, ist dieses Getränk für alle Altersgruppen und Geschlechter äußerst nützlich; was von Wein nicht gesagt werden kann.

Was Platon in den *Gesetzen* [2 p. 666a–c] und Galen im ersten Buch von *De sanitate tuenda* [1,11; Kühn VI 54–59] über den Gebrauch und die Natur des Weines geschrieben haben, ist wohlbekannt: als sie Kindern den Weingenuss bis zum 18. Lebensjahr verboten haben. Wenn ihnen die Art der Zubereitung unseres Bieres bekannt gewesen wäre, gibt es keinen Zweifel, dass sie es den Kindern und der Jugend gestattet und es allen anderen gekochten Getränken vorgezogen hätten. Auch die Römer, bei denen es für Frauen ein Kapitalverbrechen war, Wein zu trinken, hätten zweifellos per Gesetz verfügt, dass ihre Frauen Bier trinken.

## De Cerevisiis facticiis seu canditis.
## Cap. XIII

Quemadmodum vina condiuntur herbis vel aromatis, ita etiam cerevisiae. Forma condiendi, ut in vinis, duplex est. Nam aut cum ipsa cerevisiae coctura incoquuntur simul aliquot herbulae, ut absinthium, caryophyllaca, pulegium, baccae lauri, pimpinella, aut postquam iam percocta est, in vasaque infusa, iniicitur vasis nodulus ex herbis, radicibus et aromatis, cuiusmodi est sequens pulvis, qui et saporis gratiam conciliat, simulque ad bonam corporis valetudinem facit. Sumitur zingiberis, cinnamomi, singulorum drachmae duae; radicum iridis Illyricae, calami aromatici, baccarum lauri, singulorum drachma una; maceris, caryophyllorum, nucis moschatae, singulorum drachma dimidia: contunduntur in pulverem, ac pulvis in raro linteolo colligatus in vas coniicitur. Alii conficiunt trageam grossam ex calamo aromatico, zedoaria, caryophyllis et baccis lauri. Sed haec ad cuiusque palatum facile accommodari possunt.

## De iis quae ex Cerevisia parantur.
## Cap. XIV.

Parantur primo varia eduliorum genera: in primis vero usitatissimus est nobis Bohemis, familiareque ientaculum tam puerorum quam adultorum, cibus ex cerevisia, iusculum cum vitello ovi et pauco butyro, ad quam rem triticea accommodatior est quam hordeacea. Conficitur etiam puls ex cerevisia, addito pane in crassiorem farinam redacto cum pauculo butyro. Sunt qui cerevisiam calefactam zingibere aut pipere conditam mane bibunt, praesertim egressuri domo aut iter ingressuri; ventriculum enim mirifice corroborant. Defessis ex itinere calida cerevisia cum butyro pedes ablui iubent; ac id etiam equis adhibent vesperi, ubi in diversorium venerint, et die cra-

## Über künstlich hergestellte oder gewürzte Biere. Kapitel XIII

Wie Weine mit Kräutern oder Gewürzen gewürzt werden, so auch Biere. Es gibt zwei Arten des Würzens, wie bei den Weinen. Entweder werden einige Kräuter, wie Wermut, Nelkenkraut, Poleiminze, Lorbeerbeeren, Bibernellkraut, während des Bierbrauens zusammen mitgekocht, oder nachdem das Bier bereits gekocht ist und in die Fässer gefüllt wurde, wird ein kleiner Beutel mit Kräutern, Wurzeln und Gewürzen in das Fass gegeben. Ein solcher Pulverbeutel verleiht dem Bier Geschmack und fördert gleichzeitig die Gesundheit des Körpers. Man verwendet zwei Drachmen Ingwer und Zimt, eine Drachme Illyrische Schwertlilienwurzel, aromatisches Kalmus, Lorbeerbeeren; jeweils eine halbe Drachme von Macis, Gewürznelken und Muskatnuss. Diese Zutaten werden zu Pulver zerkleinert und das Pulver in einem feinen Leinensäckchen ins Fass gegeben. Andere stellen aus aromatischem Kalmus, Zedoarwurzel, Nelken und Lorbeerbeeren eine grobe Mischung her. Diese Gewürze können jedoch leicht nach Geschmack angepasst werden.

## Über Dinge, die aus Bier hergestellt werden. Kapitel XIV

Verschiedene Arten von Lebensmitteln werden aus Bier zubereitet. Am häufigsten und für uns Böhmen ein traditionelles Frühstück, sowohl für Kinder als auch für Erwachsene, ist eine Speise aus Bier, eine Brühe mit einem Eigelb und etwas Butter; Weizenbier eignet sich dafür besser als Gerstenbier. Es wird auch Brei aus Bier zubereitet, mit Brot, das zu gröberem Mehl verarbeitet und mit etwas Butter vermischt wurde. Manche trinken morgens warmes Bier, gewürzt mit Ingwer oder Pfeffer, besonders bevor sie das Haus verlassen oder eine Reise antreten; es stärkt den Magen auf wunderbare Weise. Den von einer Reise Erschöpften wird geraten, die Füße in warmem Bier

stino sentiunt agiliores et expeditiores fieri. Fit etiam acetum ex cerevisia, sed non ita acre et gratum, ut vini acetum, nec ita potens, nec adeo tenuium partium. Postremo omnium ex faecibus seu crassamentis, in fundo vasis relictis vinum ardens conficitur a certis hominibus, qui solo eo artificio victum quaerunt, et rem non contemnendam faciunt. Nam plaustris in Saxoniam usque devehitur. Nuper admodum nobiliores feminae apud nos allectae lucro (quod sordidis hominibus suave esse consuevit ex re qualibet) adiecerunt animum ad illud vinum conficiendum, eripueruntque rationem victus inferioris conditionis hominibus, quorum proprium fuit inde victum quaerere. Hoc vinum ardens venditant suis subditis propolis publice propinandum. Ita autem illud plebs illa rusticana cum tosto pane, aut foliis salviae vice ientaculi pitissat, ut plurimi bene poti domum redeant.

FINIS.

mit Butter zu baden; dies wird auch bei Pferden am Abend angewendet, wenn sie in eine Herberge kommen, und am nächsten Tag fühlen sie sich agiler und wendiger. Auch Essig wird aus Bier gemacht, ist jedoch nicht so scharf und angenehm wie Weinessig, nicht so stark und nicht so fein. Schließlich wird aus den am Boden des Fasses verbliebenen Hefen oder Feststoffen Branntwein von speziellen Leuten destilliert, die sich allein durch dieses Handwerk ihren Lebensunterhalt verdienen und damit ein nicht unerhebliches Geschäft machen. Denn es wird mit Fuhrwerken bis nach Sachsen transportiert. Kürzlich haben sich sogar adlige Damen bei uns aus Gewinnstreben (denn Menschen von niedrigem Stand lieben in der Regel jeglichen Profit) dieser Branntweinherstellung gewidmet und damit den Menschen niedrigerer Herkunft, die davon lebten, den Lebensunterhalt genommen. Dieser Branntwein wird an ihre Untertanen verkauft und in Gasthäusern ausgeschenkt. So trinkt das einfache Volk diesen Branntwein morgens als Frühstücksersatz mit geröstetem Brot oder Salbeiblättern, sodass viele gut betrunken nach Hause zurückkehren.

ENDE.

## Johannes Caius

## De ephemera Britannica (1556)

### De ala et bera

... Venio ad illud ... quamobrem Britannos nostros pene solos supra quam alias gentes atque nationes malum hoc tantopere fatigat. Nam morbus hic ut neque omnium temporum est, neque aetatum, ita nec locorum. Etenim animadverto nec alienam regionem nos tutos facere (ne si ad Locros, credo, atque Crotonem, loca saluberrima et nunquam peste tentata concederemus) nec nostram advenas omnino laedere. Siquidem et apud vicinos Caletes, Morinos, caeterosque his iunctos Belgas, nostros solos morbus insularis corrupit, et apud nos per ea tempora in legatione Gallos omnino non affecit. Ut hic non addam Scotos, communis insulae ratione nobis iunctos, a contactu mali immunes plane extitisse.

Huius rei causam quidam ad vinum nostrum hordeaceum, potum nobis naturalem, quod Galli cervisiam, nostri Alam et Beram vocant, referunt. Sed id ut facerent, non materia suggessit, sed error. Nam et Scoti et vicini Belgae id genus vini bibunt, non tamen in illos contagio valebat. Imo novi quendam Italum, sed vivendi ratione et consuetudine factum Britannum, hoc morbo laborasse, qui praeter puram aquam

## Johannes Caius

## Über das britische Tagesfieber (1556)

(Daraus:)

### Über Ale und Bier

… Ich komme zu der Frage … warum diese Krankheit unsere Briten beinahe alleine, über alle anderen Völker und Nationen hinaus, so sehr belastet. Denn diese Krankheit ist weder von allen Zeiten noch von allen Altersgruppen und auch nicht von allen Orten. Tatsächlich bemerke ich, dass weder ein fremdes Gebiet uns Sicherheit bringt (auch wenn wir nach Locri oder Crotone [in Süditalien] gehen würden, die gesündesten Orte, die niemals von der Pest heimgesucht wurden), noch dass unsere Region die Fremden überhaupt schädigt. Denn auch bei den benachbarten Caleten, Morinern und den übrigen an diese angrenzenden Belgern hat die insulare Krankheit nur uns Briten befallen, und zu jener Zeit, als sich Gallier bei uns auf diplomatischer Mission befanden, hat sie diese überhaupt nicht betroffen – um nicht auch noch die Schotten hinzuzufügen, die zwar mit uns durch die Insel verbunden sind, aber vom Kontakt mit dem Übel vollkommen verschont blieben.

Einige führen die Ursache dafür auf unser Gerstenbier zurück, den natürlichen Trank für uns, den die Gallier *Cervisia* und den unsere Leute *Ala* und *Bera* nennen. Doch als sie das behaupteten, lieferte nicht die Materie die Grundlage, sondern der Irrtum. Denn sowohl die Schotten als auch die benachbarten Belgier trinken diese Art von Wein, dennoch ergriff sie die Ansteckung nicht. In der Tat kenne ich einen Italiener, der durch seine Lebensweise und Gewohnheiten zum Briten wurde, der an dieser Krankheit litt, obwohl er während seines ganzen Lebens nichts anderes als reines Wasser trank; und sogar

nihil per omnem vitam bibit; et quosdam etiam qui solo vino usi sunt: ut omittam οἰνοπότας Germanos hoc morbo semel populatim afflictos.

Quod si nostris vinum hordeaceum in causa esset, expendamus quid hordeum, quid aqua in ala, quid cum his lupus salictarius in bera praestare possunt. Certe gravis auctor Galenus, rei medicae scientia atque usu longe clarissimus, in libris de attenuante victus ratione, de ptisana, quarto in librum Hippocratis de ratione victus in morbis acutis commentario, ubi de zytho mentio est, et primo de facultatibus alimentorum, censet hordeum frigidum et siccum esse, et quocunque modo praeparetur, frigiditatem aegre, siccitatem nunquam deponere: alere mediocriter, refrigerare, tenuem et abstergentem succum in nobis gignere, eoque attenuare, detergere, urinam ciere, flatum (unicum eius vitium) coctione amittere. Has facultates et virtutes cum habeat hordeum, variis gentibus atque nationibus sapienter excogitatum est, ut addita aqua, qua hordeum madescat donec resolveretur in liquorem vino similem, ad potionum usus accommodaretur, quod sitis frigidi appetitus sit.

Hunc liquorem alii οἶνον κρίθινον sive ἐκ κριθέων nominant, ut Athenaeus libro primo, et Herodotus secundo: alii ποτὸν κρίθινον, ut Hippocrates: alii Zythum, ut Aεgyptii: alii φουκάδα, ut Sethi: alii φοκαδίον, ut vulgares Graeci: alii πινὸν ut Aristoteles: alii βρυτὸν, ut Theophrastus, Aeschilus, Sophocles: alii cervisiam, ut Galli: alii ceriam, ut Hispani. Nobis alia at οἴνου κριθίνου genera sunt, quae quod nulla nomina apud Graecos aut Latinos his respondeant, Alam et Beram vocitabimus, patriis quidem nominibus scio, sed an ex alica

einige, die nur Wein zu sich nahmen – um nicht auch von den weintrinkenden Germanen zu sprechen, die ebenfalls einmal massenhaft von dieser Krankheit heimgesucht wurden.

Wenn unser Gerstenwein die Ursache wäre, lasst uns überlegen, was die Gerste, was das Wasser in der *Ala*, was in der *Bera* mit diesen der Hopfen zu leisten vermag. Sicherlich erwähnt der hoch angesehene Galen, berühmt durch seine Kenntnisse und Erfahrungen in der Heilkunst, in den Büchern *De victu attenuante*, *De ptisana*, dem vierten Buch von *In librum Hippocratis de victus ratione in morbis acutis commentarii*, wo von *Zythos* die Rede ist, und im ersten Buch von *De alimentorum facultatibus*, dass Gerste kalt und trocken sei und, wie auch immer sie zubereitet werde, ihre Kälte schwerlich und ihre Trockenheit niemals verliere, dass sie mäßig nähre, kühle, einen dünnflüssigen und reinigenden Saft in uns erzeuge und dadurch dünne, reinige, Urin treibe, und dass die Blähungen (ihr einziger Mangel) durch Kochen verloren gingen. Diese Fähigkeiten und Eigenschaften der Gerste wurden von verschiedenen Völkern und Nationen weise ersonnen, sodass sie mit Zugabe von Wasser, wodurch die Gerste eingeweicht wird, bis sie sich in eine flüssige, dem Wein ähnliche Substanz auflöst, zur Verwendung als Getränk adaptiert wurde, weil das Verlangen nach einem kalten Trank besteht.

Dieses Getränk nennen einige *oinos krithinos* (Gerstenwein) oder *ek kritheon* (aus Gerste), etwa Athenaios im ersten Buch und Herodot im zweiten; andere *poton krithinon* (Gerstengetränk), etwa Hippokrates; einige nennen es *Zythos*, etwa die Ägypter; einige nennen es *Phoukada*, etwa [Symeon] Seth; einige nennen es *Phokadion*, etwa die gewöhnlichen Griechen; einige nennen es *Pinon*, etwa Aristoteles; einige *Bryton*, etwa Theophrast, Aischylos und Sophokles; einige *Cervisia*, etwa die Gallier; einige nennen es *Ceria*, etwa die Spanier. Wir haben jedoch andere Sorten des *oinos krithinos*, denen keine griechischen oder lateinischen Namen entsprechen, weshalb wir sie *Ala* und *Bera* nennen wollen, wobei ich weiß, dass dies

(cum sit ex hordeo) et ceria deductis, ut nonnulli scribunt, nescio.

Id mihi licere bona venia doctorum omnium spero, qua ratione suae cuique nationi, ut Aegypto, Galliae, et Hispaniae, permissa sunt sua potionum nomina et patria vocabula, ut Zythi, cervisiae, atque ceriae, cum tamen ex Graecis aut Latinis non sunt haec desumpta nomina, sed his accepta aliunde ex suis, quos ante dixi, locis.

Nec quisquam mihi vitio vertat, quod mallem propria et cognata, quam usurpata et aliena: maxime cum nec sapore, nec efficientia, imo neque compositione consentiant. Nam Zythum acre est, quod dum fit rancescit putrescitque, eoque paulum a sapore vini differt, ut Diodorus Siculus auctor est: Ala et Bera suaves sunt, quod ad hordeum attinet. Id addo, quod Bera ex lupulo amarorem contrahit. Zythum renes et nervos tentat, cerebri membranas officit, inflationem parit, vitiosum succum creat, et elephantiasin (ἐπιχώριον Aegyptiornm malum) gignit: ut et curmi capitis dolorem movet, malum succum gignit, et nervis nocet: Ala et Bera non item, nisi si dixeris quod caput tentat. At id non Ala et Bera faciunt, sed immoderatio et intemperantia, citius tamen et potentius propter lupuium: et in tanto usu Alae atque Berae, id licet verissime dicere, elephantiasin rarissimum esse apud nos morbum.

Iam vero quemadmodum conficiatur Zythum atque curmi, iam ante paucis delibavimus; quemadmodum autem Ala atque Bera nunc dicemus, ut vel hinc constet, quemadmodum

einheimische Namen sind, aber ob sie von *Alica* (da sie aus Gerste sind) und *Ceria*, wie einige schreiben, abgeleitet sind, weiß ich nicht.

Ich hoffe, dass es mir mit der gütigen Erlaubnis aller Gelehrten gestattet ist, auf die gleiche Weise den ägyptischen, gallischen und spanischen Getränken ihre Namen und einheimischen Begriffe zu lassen, wie die von *Zythos, Cervisia* und *Ceria*, auch wenn diese Namen weder griechischen noch lateinischen Ursprungs sind, sondern aus den von mir genannten Regionen übernommen wurden.

Möge mir auch niemand vorwerfen, dass ich es vorziehen würde, einheimische und verwandte Begriffe zu verwenden, statt entliehene und fremde, besonders da sie weder im Geschmack, noch in der Wirkung, noch in der Zusammensetzung übereinstimmen. *Zythos* ist nämlich scharf, wird ranzig und verdirbt, während es entsteht, und unterscheidet sich daher nur wenig vom Geschmack des Weines, wie Diodor von Sizilien [5,26,2] berichtet. *Ala* und *Bera* sind hingegen süß, was die Gerste betrifft. Hinzufügen möchte ich noch, dass *Bera* seine Bitterkeit vom Hopfen ableitet. *Zythos* reizt die Nieren und Nerven, greift die Hirnhaut an, verursacht Blähungen, erzeugt schädliche Säfte und verursacht die Elephantiasis [Aussatz] (ein heimisches Übel der Ägypter); und auch *Curmi* verursacht Kopfschmerzen, erzeugt schädliche Säfte und schadet den Nerven, *Ala* und *Bera* hingegen nicht, es sei denn, man sagt, dass es den Kopf angreift. Aber das liegt nicht an *Ala* und *Bera*, sondern an Unmaß und Unvernunft, schneller und stärker durch den Hopfen; und bei solch großem Gebrauch von *Ala* und *Bera* kann man mit Fug und Recht sagen, dass Elephantiasis bei uns eine sehr seltene Krankheit ist.

Nun, wie *Zythos* und *Curmi hergestellt* werden, haben wir kurz angedeutet; wie jedoch *Ala* und *Bera* gemacht werden, werden wir nun besprechen, damit auch daraus ersichtlich wird, wie sie sich voneinander unterscheiden. Die Gerste wird mit

haec inter se distent. Hordeum aqua perfunditur, atque ad aliquot dies maceratur, donec intumescat, et altero suo fine fatiscat germinetque. Tum emissa omni aqua per cisternae fundum, ut inutili, eximitur hordeum. Id per solum tenuiter spargitur, et bis die vertitur, ita et omnis humor elabitur, nec acervo putredo concipitur, nec mucorem hordeum contrahit; posito iam omni humore (quod paucis fit diebus) paratur concameratus fornax (bunarium dici potest, qua ratione et analogia dicimus calcarium et sulphurarium, pro locis ubi calx et sulphur coquuntur) qui ignem admittit sed non reddit nisi qua recipit. Spiramenta tamen quaedam undique per sua latera ita habet certis intervallis disposita, ut ad superiora calor facile possit commeare. Fornax ille ut est rotundus, ita pariete in quadratum extructo undique, et duos pedes altiori quam est fornax, cingitur. Per eius ambitum tenduntur crates ligneae, et super eas cilicium. Id hordeum tenuiter sparsum, quo calor per spiramenta erumpens ad singula grana pertingat, accipit.

Istis rite peractis, in fornace forus lentus et aequalis incenditur, et donec ad plenum siccatum fuerit hordeum, perennis alitur. Interea hordeum saepius die vertitur, quo aequabiliter siccetur. Cum siccatum probe luerit, durum est et gustui dulce. Tum seponitur in tabulatis ad usus necessarios, et Aëtio βυνή, nostris patria lingua Maltum dicitur.

Cum usus vocat, mola teritur, et in tinam grandem mittitur, illi aqua ferventissima, quae aliquot ante horas in cortina seorsum ebullierit, affunditur. Modus utrisque est pro potestate futuri vini. Nam si potentius placet, plus de buna; sin tenuius, plus de aqua quam pro iusto alioqui utriusque modo admi-

Wasser übergossen und einige Tage eingeweicht, bis sie aufquillt und an einem Ende zu keimen beginnt. Dann wird das gesamte Wasser durch den Boden der Zisterne abgelassen, da es nutzlos ist, und die Gerste wird entnommen. Diese wird dünn auf den Boden gestreut und zweimal täglich gewendet, sodass die gesamte Feuchtigkeit entweicht, sich keine Fäulnis bildet und die Gerste keinen Schimmel ansetzt. Sobald die gesamte Feuchtigkeit entwichen ist (was in wenigen Tagen geschieht), wird ein gewölbter Ofen vorbereitet (er kann *bunarium* [Malzofen] genannt werden, in Analogie zu *calcarium* [Kalkofen] und *sulphurarium* [Schwefelofen], da diese Orte zum Brennen von Kalk und Schwefel dienen). Dieser Ofen nimmt Feuer auf, gibt es jedoch nur dort ab, wo er es aufnimmt. Er besitzt an seinen Seiten in bestimmten Abständen angeordnete Lüftungsschlitze, damit die Wärme leicht nach oben entweichen kann. Der Ofen ist rund und wird von einer rechteckigen Wand umgeben, die überall zwei Fuß höher ist als der Ofen. Über den Umfang des Ofens werden hölzerne Roste gespannt und darüber eine Decke aus Ziegenhaar gelegt. Diese nimmt die dünn aufgestreute Gerste auf, sodass die Wärme, die aus den Lüftungsschlitzen austritt, jedes einzelne Korn erreicht.

Nachdem dies ordnungsgemäß durchgeführt worden ist, wird im Ofen der Herd sanft und gleichmäßig entzündet und so lange unterhalten, bis die Gerste vollständig getrocknet ist. In der Zwischenzeit wird die Gerste mehrmals am Tag gewendet, damit sie gleichmäßig trocknet. Wenn sie gründlich getrocknet ist, wird sie hart und süß im Geschmack. Dann wird sie in Räumen zur späteren Verwendung aufbewahrt, und von Aëtios [von Amida] *byne*, in unserer Vatersprache *Maltum* genannt.

Wenn der Bedarf es erfordert, wird sie gemahlen und in ein großes Fass gegeben, über das kochend heißes Wasser gegossen wird, das einige Stunden zuvor in einem separaten Kessel gekocht hat. Die Menge von beiden richtet sich nach der Stärke des zukünftigen Weines. Denn wenn er stärker sein soll,

scendum est. In ea aqua ferventissima madescit horas tres aut quatuor: ubi omnis eius vis in aquam transfusa est, aperitur foramen quoddam in tinae fundo, circumvallatum clathro colatorio, seu secerniculo vimineo, ne buna fresa, inanesque scapi quibus ea vestiebatur (inutiles nisi iumentis alendis) una cum liquore elabantur, aut foramen repleant, et liquori exitum praepediant. Ita qua viam repperit, humor dulcis fluit, colore rutilo. Exceptus ille liquor, in aliam tinam inanem funditur, atque ad dimidias coquitur. Interim omnis spuma tollitur et abiicitur. Dein in vasa quaedam lignea, quae minus fundi sed plus lati habeant, ex cortina refunditur, refrigerii causa. Ante tamen quam omnem posuit calorem superestque modicus, ex iis vasis latis in aliam tinam et eam inanem delabitur, confunditur grota, adiicitur alterius compositionis recens alae flos, perturbantur, et magna agitatione conquassantur omnia et commiscentur. Quo fit ut vinum id aerea levitate floris in duplum rarescat, et virtute grotae se excellenter purget. Est autem grota, apozema ex bunae fresae crassamento (unde nomen habet) et liquore iam ante e buna, aqua fervente perfusa, defluente, ad spissitudinem excoctis. Dulcedinem id habet defruti, et animam praebet Alae.

Ita ad horas 24. cum in motu naturali Ala fuerit, agitante calore, potentia bunae, et vi floris atque grotae, in cupas, seu cados ligneos circulis cinctos, antequam faex residat, refunditur, et in cellis vinariis subterraneis (quod frigore melius conservatur) reconditur; sed sapore iam suavi, non, ut ante, dulci: ita libet cum Macrobio inter haec distinguere. In iis cu-

verwendet man mehr von der *buna*; soll er schwächer sein, dann mehr Wasser, wobei beide in einem geeigneten Verhältnis gemischt werden müssen. In diesem kochend heißen Wasser weicht sie für drei oder vier Stunden ein: Wenn ihre gesamte Kraft ins Wasser übergegangen ist, wird ein Loch im Boden des Fasses geöffnet, das von einem Gitter oder einem Korbfilter umgeben ist, damit die gemahlene *buna* und die leeren Hülsen, die sie umgaben (nutzlos, außer zur Fütterung von Zugtieren), nicht zusammen mit der Flüssigkeit herausfließen oder das Loch verstopfen und den Abfluss der Flüssigkeit behindern. So fließt die süße Flüssigkeit auf dem Weg, den sie findet, von rötlicher Farbe. Diese Flüssigkeit wird in ein leeres Fass gegossen und bis zur Hälfte gekocht. Währenddessen wird jeglicher Schaum entfernt und weggeworfen. Dann wird sie aus dem Kessel in einige hölzerne Gefäße umgefüllt, die weniger tief, aber breiter sind, um sie abzukühlen. Doch bevor sie erkaltet und solange noch etwas Wärme übrig bleibt, wird sie aus diesen breiten Gefäßen in ein anderes leeres Fass geleitet, die *Grota* wird hinzugefügt, frische Blüten einer anderen Zusammensetzung werden zugegeben, sie werden aufgerührt und alles wird kräftig geschüttelt und vermischt. Dadurch wird der Wein durch die leichte Luftigkeit der Blüten doppelt verdünnt und durch die Kraft der *Grota* hervorragend geklärt. Die *Grota* ist übrigens ein Absud aus der Dicke der gemahlenen *Buna* (woher sie ihren Namen hat) und einer Flüssigkeit, die zuvor aus der *Buna*, mit heißem Wasser übergossen, abgelaufen und zur Dicke eingekocht wurde. Sie hat die Süße von eingedicktem Traubenmost und verleiht dem *Ala* den Geist.

So wird die *Ala* 24 Stunden lang in natürlicher Bewegung gehalten, vom Feuer bewegt, durch die Kraft der *Buna* und die Wirkung der Blüte sowie der *Grota*. Bevor sich der Bodensatz absetzt, wird sie in Holzfässer mit Ringen gegossen und in unterirdischen Weinkellern (wo sie durch die Kälte besser erhalten bleibt) gelagert, aber jetzt mit einem angenehmen Geschmack, nicht wie früher süß: So mag ich diese Dinge mit Macrobius [*Saturnalia* 7,7,15] unterscheiden. In jenen offenen

pis apertis ubi aliquamdiu quieverit, secretio partium fit, ut in vino ampelite, et faexima. flos summa petit, innatatque ut spuma, et superfluit, Ala in medio pura consistit.

Quod superfluit, vase excipitur, et ad compositiones alae similes, atque ad conciliandam panibus levitatem, ciborumque apparatum accommodatur. Quod spumae a motu superest, incumbitque Alae tam quietae, id eam conservando est, dum ab externis iniuriis defendit, et innatam vim atque animam continet. Indicio est, quod cui detractus flos ille est, statim emoritur et vapescit: contra, illo superstito, ni aestas oberit, ad extremum senium (quod tempus est aliae menstruum, aliae bimestre, aliae trimestre, aliae annuum, prout plus minusve excoquatur) perdurat sapida. Rursum si florem addas, cui prius demptus fuit, videtur ea reviviscere. et novas vires acquirere. Cupae statim ut infunditur Ala, ideo non obturantur, quod nondum sedatus motus est, quodque alioquin iniquo loco rarescente Ala, cupae rumperentur.

Ita Ala fit, Bera eisdem fere modis componitur, nisi quod lupus salictarius cum primo bunae liquore sine grota decoquitur. Quod si quis paulum tritici et eius crudi, potentiae colorisque gratia (quod fere fit) admiscet, id praeter legitimum necessariumque conficiendi modum est nostrae Alae atque Berae, et commendandi causa adhibitum ; etsi non sum nescius et olim apud Iberos qui Occidentem spectant, et Britannos priscae aetatis, referente Dioscoride, ex tritico fuisse potum Zytho et curmiti similem, et nunc quoque apud Germanos esse, sed ab hoc longe diversum; ut et apud Pictos

Gefäßen, wo sie einige Zeit geruht hat, findet eine Trennung der Teile statt, wie beim Wein zwischen dem Bodensatz und dem Sediment. Die Trübe steigt nach oben und schwimmt, wie Schaum, und läuft über. Die *Ala* bleibt in der Mitte klar.

Was überfließt, wird in ein Gefäß aufgenommen und für ähnliche Zubereitungen der *Ala* sowie zur Lockerung von Brot und zur Vorbereitung von Speisen verwendet. Was vom Schaum durch die Bewegung übrig bleibt und auf der ruhigen *Ala* liegt, bewahrt sie, indem es sie vor äußeren Schäden schützt und die innewohnende Kraft und Lebendigkeit erhält. Es ist ein Zeichen dafür, dass, wenn diese Blüte entfernt wird, sie sofort stirbt und verdampft; hingegen, wenn sie erhalten bleibt, und der Sommer keinen Schaden anrichtet, hält sie bis ins hohe Alter (was bei manchen einen Monat, bei anderen zwei Monate, bei wieder anderen drei Monate oder ein Jahr beträgt, je nachdem, wie stark sie eingekocht wird) ihren vollen Geschmack. Wenn man wiederum die Blüte hinzufügt, die zuvor entfernt wurde, scheint sie wieder zum Leben zu erwachen und neue Kräfte zu erlangen. Die Fässer werden, sobald die *Ala* eingefüllt ist, nicht sofort verschlossen, weil die Bewegung noch nicht zur Ruhe gekommen ist, und weil die *Ala* an einer ungleichmäßigen Stelle dünner würde und die Fässer zerbrächen.

So wird die *Ala* gemacht, die *Bera* wird fast auf dieselbe Weise zubereitet, außer dass Hopfen zusammen mit dem ersten *buna*-Saft ohne *grota* gekocht wird. Wenn jemand etwas Weizen und davon Rohes, um der Kraft und Farbe willen (was oft geschieht), hinzufügt, ist das jenseits des legitimen und notwendigen Verfahrens zur Herstellung unserer *Ala* und *Bera* und dient nur zur Empfehlung; obwohl ich nicht unwissend bin, dass Dioskurides berichtet, dass einst bei den Iberern, die nach Westen blicken, und bei den Briten der alten Zeit ein Getränk ähnlich *Zythos* und *Curmi* aus Weizen gemacht wurde, und auch heute bei den Deutschen existiert, aber von diesem ganz verschieden ist; ebenso wie bei den Pikten (die in der

(qui inter Anglos et Scotos medium locum tenebant) ex ador seu adoreo. Id frumenti genus patria sua lingua hadder nominabant. Quamquam Scotorum historiae ad ericae (quam etiam hadder iidem vocant) florem atque comam (laetum pecoribus atque apibus per vasta et inculta loca pabulum) id genus potus referunt.

Sed utraque illa potionum genera (Britannorum dico et Pictorum) obsoleta iam sunt, ita ut quemadmodum conficiantur, nulla memoria supersit. Haec eo pertinent, ut si nec gustu, nec efficientia, nec compositione concordant Ala, Bera, Zythum et *Curmi*, cur Zythum Beram, curmi cervisiam seu Alam dicerem? Cur Zythum ex hordeo et lupulo potum (uti quidam) definirem? cum ex hordeo tantum, et eo crudo madescente in aqua sine lupulo confectum id sit? Cur cum aliis dicerem, curmi cervisiam seu Alam esse, aut illi respondere, cum facultates eaedem non sint, nec vitia respondeant et virtutes, nec conficiendi ratio conveniat?

Quod si quis novitate vocabulorum Alae et Berae offendatur, putetque quod ex Cerere fit (ut est Ala et Bera) Cervisiam posse nominari, sciatis et vetera esse apud nos haec nomina, et Zythum, *Curmi*, Ceriam, et quicquid ex fruge fit, eadem opera posse dici Cervisiam generis nomine. Itaque nullum fore vocum et specierum, nullum sensus atque rerum discrimen, nullum significationis indicium, cum tamen vocabula debeant esse sensus interpretes et rerum nuntii, ut recte scripsit Cicero.

Mitte zwischen Engländern und Schotten lebten) aus Dinkel oder Hartweizen. Diese Getreideart nannten sie in ihrer Muttersprache *hadder*. Dennoch beziehen sich die schottischen Geschichten über das Blühen und Sprießen der Heide (die sie auch *hadder* nennen), die den Tieren und Bienen durch weite und unbewohnte Gegenden als Nahrung dient, auf diese Art von Getränk.

Doch beide Arten von Getränken (ich spreche von den Briten und Pikten) sind nun veraltet, so dass keine Erinnerung daran überliefert ist, wie sie hergestellt wurden. Dies dient dazu zu zeigen, dass weder im Geschmack noch in der Wirkung noch in der Zubereitung Übereinstimmung besteht zwischen *Ala*, *Bera*, *Zythos* und *Curmi*: Warum sollte ich also *Zythos Bera*, *Curmi* aber *Cerevisia* oder *Ala* nennen? Warum sollte ich *Zythos* als Getränk aus Gerste und Hopfen definieren (wie es einige tun), wenn es nur aus Gerste, und zwar aus der rohen, in Wasser eingeweichten, ohne Hopfen gemacht wird? Warum sollte ich mit anderen sagen, *Curmi* sei *Cerevisia* oder *Ala* oder entspreche ihm, wenn die Eigenschaften nicht übereinstimmen, weder in den Fehlern noch in den Tugenden, noch die Herstellungsweise übereinstimmt?

Wenn also jemand an den neuen Begriffen *Ala* und *Bera* Anstoß nimmt und denkt, dass das, was aus Getreide gemacht wird (wie *Ala* und *Bera*) *Cerevisia* genannt werden kann, so wisse er, dass diese Namen bei uns alt sind und *Zythos*, *Curmi*, *Cerea* und alles, was aus Getreide hergestellt wird, ebenso gut unter dem Gattungsbegriff *Cerevisia* genannt werden kann. So gäbe es keine Unterscheidung zwischen den Worten und den Arten, keinen Unterschied des Sinnes und der Dinge, kein Zeichen der Bedeutung, obwohl die Worte doch »Deuter der Sinne und Verkünder der Dinge« sein sollen, wie Cicero [*Über die Natur der Götter* 2,56.141] richtig schrieb.

Tamen si cui rebus istis propria nomina Latina aut Graeca nota sint, prodat illa, et ego illi de nominibus gratias agam, ille mihi de rebus, quas ita explicaverim, ut privata nomina aptius accommodari possint. Haec non eo dico ut certem cum quoquam, aut cum doctis viris contendam, sed rem ipsam ut est aperirem. Id eo rectius fortasse possum, quod id non ex aliena fide aut sermonibus accepi, sed visu comperi.

Iste igitur potiones nostrae, cum nec ad eos morbos efficiendos qui ante comprehensi sunt, quid habeant incommodi, ac praeterea salutares sint, uti obiter ex Galeni verbis, et contrariis rationibus (quorum paria sunt momenta) elicuimus, videamus an ad sudorem hunc pestiferum concitandum (cuius causa de his sermonem instituimus) aliquid afferant causae aut momenti …

Wenn jedoch jemand die richtigen lateinischen oder griechischen Namen für diese Dinge kennt, möge er sie mitteilen, und ich werde ihm für die Namen danken, während er mir für die Dinge danken kann, die ich so erklärt habe, dass private Namen passender zugeordnet werden können. Dies sage ich nicht, um mit jemandem zu streiten oder mit gelehrten Männern zu wetteifern, sondern um die Sache selbst so darzulegen, wie sie ist. Vielleicht kann ich dies umso richtiger tun, weil ich es nicht aus fremdem Glauben oder Gesprächen entnommen habe, sondern durch eigenes Sehen erfahren habe.

Lasst uns also sehen, ob unsere Getränke, da sie weder zu der bereits erwähnten Krankheiten beitragen noch irgendeinen Schaden anrichten und da sie darüber hinaus wohltuend sind – wie wir übrigens aus den Worten Galens und den gegenteiligen Argumenten (die gleiches Gewicht haben) geschlossen haben –, irgendeine Ursache oder einen Einfluss bei der Hervorrufung dieses pestbringenden Schweißes haben (um dessentwillen wir diese Studie unternommen haben) …

# Anhang

## Literaturhinweise

### Vorlagen und Digitalisate

Hagecius, Thaddaeus: De cervisia eiusque conficiendi ratione, natura, viribus, et facultatibus, opusculum, Frankfurt 1585 [VD16 H 238] [www.digitale-sammlungen.de/en/view/bsb10994338]

Caius, Johannes: Opera aliquot et versiones, partim iam nata, partim recognita atque aucta, Löwen 1556 [www.digitale-sammlungen.de/de/view/bsb10186850]

### Literatur

Averroës – Colliget Averrois, Venedig 1542 (www.digitale-sammlungen.de/de/view/bsb10147906)

Basařová, Gabriela: Der Beitrag des böhmischen Professors Tadeáš Hájek aus Hájek (Thaddaeus Hagecius ab Hayck) zum Brauwesen des 16. Jahrhunderts, in: Gesellschaft für Geschichte des Brauwesens, Jahrbuch 2004, 116–132

Brudus Lusitanus [Brudo, Manuel]: Liber de ratione victus in singulis febribus. Venedig 1544 [www.digitale-sammlungen.de/de/view/bsb10170195]

Caius, Johannes [Kays, John]: A boke or counseil against the disease commonly called the sweate or sweatyng sicknesse, London 1552

– Opera aliquot (wie oben)

Enneper, Annemarie: Rosenberg, von (böhmische Adelsfamilie). In: Neue Deutsche Biographie, Bd. 22, Berlin 2005, 57–58

Funk, Holger: Tadeáš Hájek's De Cerevisia. A Sixteenth Century Treatise on the Brewing of Beer with Hops, in: Brewery History 162, 2015, 41–54 (mit englischer Übersetzung)

– A little known, mid-16th century Description of the Production of English Ale by John Caius. In: Brewery History 165, 2016, 19–29

– Situating Hájek's Treatise on Beer in the Discourse of the Sixteenth Century, in: Brewery History 173, 2018, 19–46
Grüß, Ursula: John Kaye, De ephemera Britannica liber, Diss. med. Leipzig 1957/1958 [non vidi]
Hammer, Franz: Hacek, Thaddäus. In: Neue Deutsche Biographie, Band 7, Berlin 1966, 467–468
Hellman, Clarisse Doris: The Comet of 1577. Its Place in the History of Astronomy, New York 1944 [184–193 zu Hagecius]
Herrndorf, Wolfgang: Tschick, Berlin 2010 [zum fiktiven Hagecius-Gymnasium]
Nolte, Dirk: Bier aus historischen Quellen. Was wir über Bier aus historischen Quellen erfahren können (und was nicht). Reproduzieren historischer Biere am Beispiel des Prager Weißbieres nach Thaddaeus Hagecius De Ceruisia. In: Braumagazin 2020 (nur online: www.braumagazin.de)
– Das Ale und die englische Schweißkrankheit. In: Braumagazin 2021 (nur online: www.braumagazin.de)
Paulos von Aigina – Medicinae totius enchiridion, lib. VII [Übers. v. Ianus Cornarius], Basel 1556
Roberts, Ernest Steward (Hg.): The Works of John Caius, Cambridge 1912 (Edition)
Schadelbauer, Karl: Alexandrinus von Neustein, Julius. In: Neue Deutsche Biographie, Bd. 1, Berlin 1953, 197
Schoellhorn, Fritz: Bibliographie des Brauwesens, Berlin 1928
Thurn, Nikolaus: Thaddaeus Hagecius ab Hayck. Über das Bier und seine Herstellungstechnik, seine Natur, seine Kräfte und Energien, Berlin 2021 (mit deutscher Übersetzung)
Vetter, Quido: Tadeáš Hájek z Hájku, in: Říše hvězd 6, 1926, 169–185
von der Planitz, Hans: Das Bier und seine Bereitung einst und jetzt, München 1879
von Wurzbach, Constanin: Rosenberg, Wilhelm von. In: Biographisches Lexikon des Kaiserthums Oesterreich, Teil 27, Wien 1874, 12–13

# Register

## DE CEREVISIA: Bierliteratur des 16. Jahrhunderts

Im 16. Jahrhundert wurde die Herstellung von Bier erstmals Gegenstand von gelehrten Publikationen. Die ersten drei Bände der Reihe präsentieren alle einschlägigen neulateinischen Zeugnisse zweisprachig und eröffnen damit einen unmittelbaren Zugang zur Geschichte der Braukunst.

**Bd. 1: Antonius Gazius u. a.: *De Cerevisia.* Vier lateinische Schriften vom Bier (1546–1567)**

ISBN -978-3939526-75-9 104 Seiten – 6.-- €

Wein hat die Menschheit seit der Sintflut begleitet, und auch Jesus Christus trank Wein. Jena heißt nach dem hebräischen Wort für Wein, Weimar eigentlich Weinmarkt und Bacharach nach einem Bacchus-Altar. Bier hingegen wird in der Bibel nicht einmal erwähnt, auch wenn die alten Ägypter von einem Gerstengebräu gewusst haben sollen. Aber in Regionen, in denen Wein nicht hergestellt werden kann, ist Bier aus Weizen oder Gerste ein beliebtes Getränk, und die verschiedenen Methoden der Herstellung und Lagerung haben jeweils eigene Folgen für die Verträglichkeit des Getränks und für die Gesundheit der Trinkenden.
Die vier frühesten lateinischen Bierbücher aus dem 16. Jahrhundert, denen diese Thesen entnommen sind, werden hier erstmals zweisprachig zugänglich gemacht. Eine Beigabe stellt die Namen von lokalen Bieren zusammen, die damals so manche Leute »schon mit den bloßen Namen durstig machten«.

**Bd. 2: Johannes Placotomus: *De Natura et Viribus Cerevisiarum et Mulsarum* / Über die Natur und Kräfte von Bier und Met (1550)**

ISBN 978-3939526-76-6 174 Seiten – 8.-- €

Johannes Placotomus (Brettschneider, um 1514-1577) stammte aus Münnerstadt und war nach dem Studium in Wittenberg und Leipzig Medizinprofessor in Königsberg (Kaliningrad) und dann Stadtarzt und -apotheker in Danzig (Gdańsk). In seinem Kommentar zu einem Werk des Erfurter Humanisten Eobanus Hessus legte er 1550 eine Abhandlung über Bier vor. Er stellt Wasser, Gerste oder Weizen sowie Hopfen als Grundstoffe von Bier vor und erklärt die unterschiedlichen Braumethoden. Ein umfassendes Kapitel gilt den lokalen Biersorten: Als »Königin der Biere« wird das Danziger Bier hervorgehoben, aber auch viele andere Biere hätten jeweils eigene Qualitäten. Erfurter Bier etwa »verdient eigentlich einen respektableren Ruf. Als ich zum ersten Mal nach Erfurt kam, hielt mich der schlechte Ruf des Bieres für eine Weile davon ab, es zu probieren, aber nachdem ich es einmal gekostet hatte, fand ich es sehr angenehm.«
Placotomus schuf die erste umfassende lateinische Darstellung zum Bier. Sie wird hier erstmals zweisprachig zugänglich gemacht.

Zwei weitere Bände zur deutschsprachigen Bierliteratur des 16. Jahrhunderts sind in Vorbereitung. **www.kartoffeldruck-verlag.de**